Heide Wendland

Ka-mo-e-luk

Heide Wendland

Ka-mo-e-luk

Märchen
der Alaska-Eskimos

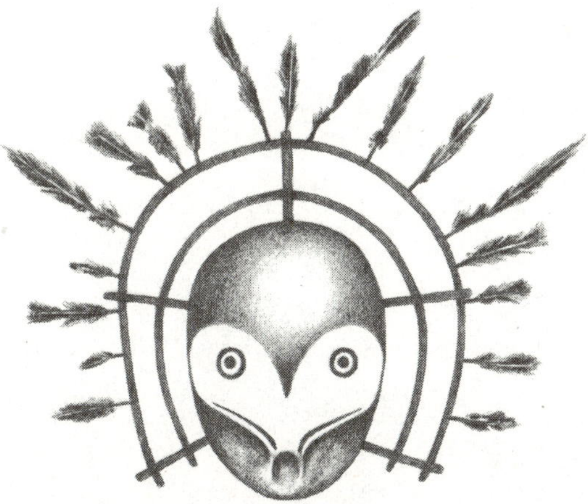

Edition Holz
im Kinderbuchverlag Berlin

Illustrationen von Stephan Köhler

ISBN 3-358-00934-3

Mein Dank gilt Edward L. Keithahn, Alaska, der die hier vorliegenden Märchen mit Hilfe einer Einheimischen an der Nordküste und entlang der Flüsse der Seward-Halbinsel sammelte, aus der Eskimosprache ins Englische übertrug und sie mir später zur Veröffentlichung überließ.

Viele der Märchen sind schon sehr alt. Die Geschichtenerzähler der Eskimos mühen sich, sie so wiederzugeben, wie sie »Vater vor Vater« auf sie überkommen sind. Dabei wenden sie viele Mittel an, die Texte anschaulich vorzutragen. Ein Messer, wohl auch ein Hölzchen in ihrer Hand genügt, und schon entstehen im Schnee oder im Sand des Pfades mit wenigen Strichen prägnante Zeichnungen, die Ort und Figuren der jeweiligen Handlung sichtbar machen. Stimmen von Menschen und Tieren werden nachgeahmt, Gebärden drücken aus, was schwer in Worte zu fassen ist. Und es kommt vor, daß man beim Erzählen selbstgeschnitzte hölzerne Masken benutzt.

All dies verstärkt die Aussagekraft der Märchen und gibt ihnen poetischen Glanz. Ich habe deshalb versucht, wo es sich anbot, die Urtexte anzureichern, um zwischen dem aufgezeichneten Wort und seiner vielfach ausgeschmückten Wiedergabe, deren sich ein eskimoischer Märchenerzähler bedient, einen Ausgleich zu schaffen.

Heide Wendland

Ka-mo-e-luk

Es war einmal ein Baumwollholzbaum. Er wuchs ganz allein am steinigen Ufer eines Flusses. Während des langen kalten Winters war der Baumwollholzbaum recht zufrieden mit seinem Leben. Eisnadeln bedeckten seine Zweige wie wunderschöne üppige Felle. Der Fluß war zugefroren. Die Stille ringsum schien ohne Ende. Wie ein Ball aus alten Fuchsfellen und seltsam fern trudelte die Sonne auf der Horizontlinie westwärts, legte roten Schimmer über Dämmer und Schlaf. Im Sommer dagegen war die Luft unter dem hohen hellen Himmel voll von geschäftigen Vögeln. Der Fluß lärmte gewichtig und manchmal auch gewalttätig dem Meere zu. Der Wind rauschte behaglich im Astwerk der Bäume. Nur der Baumwollholzbaum wurde von Tag zu Tag unzufriedener mit seinem Los. »Ach, wenn ich mich nur fortbewegen könnte!« knarrte er dem Winde zu.

Eines Tages versuchte der Baumwollholzbaum mit solcher Gewalt zu laufen, daß er sich tatsächlich ein winziges Stück vorwärts bewegte. Der Erfolg ermutigte ihn sehr. Er versuchte gleich noch einen zweiten Schritt. Und tatsächlich gelang ihm dieser schon leichter und schneller. Stück um Stück bewegte sich der Baum von nun an weiter dem Rande des Wassers zu. Doch dann machte er in seinem Eifer einen kleinen Schritt zuviel und stürzte aufrauschend in den Fluß. Die schnelle Strömung erfaßte ihn und trug ihn flußab ins Meer. Da war ringsum nichts als Wasser. Doch als die Flut kam, hob ihn eine mächtige Brandungswelle hoch auf eine baumlose, sandige Küste und ließ sich leise glucksend zurücksinken.

Da lag nun der Baum und wußte nicht, was er tun sollte. Die Sonne trocknete ihn. Aber all seine schönen Blätter fielen von ihm ab. Das Wasser hatte ihn während der langen Reise

schrecklich zugerichtet. Von seiner stattlichen Krone waren nur die zwei kräftigsten Hauptäste stehengeblieben. Steif streckte er die beiden häßlichen kahlen Stümpfe von sich. Da ließ sich ein Rabe dicht bei ihm nieder. »Eeh! Baumwollholzbaum!« krächzte er. »Du hast doch zwei Arme, zwei Beine und einen Kopf! Weshalb stehst du nicht auf und gehst davon?«

Der Baumwollholzbaum bewegte vorsichtig seine beiden letzten Äste, beugte sie und streckte sie wieder. Und weil es ihm ohne Schwierigkeiten gelang, versuchte er es auch mit den Beinen. Er stand auf und wagte einen Schritt. Meister Rabe aber breitete seine Flügel aus und flog ihm voran.

Ganz langsam bewegte sich der Baumwollholzbaum vorwärts, denn er war sehr steif und bange. Aber es dauerte gar nicht lange, da lief er so sicher wie ein Mensch. Er ging und ging. Immer an der Küste entlang. Plötzlich kam der Rabe zurückgeflogen. »Eeh! Baumwollholzbaum! Du kannst doch nun laufen wie ein Mensch! Weshalb baust du dir nicht einen Iglu?«

»Weil ich kein Holz habe«, erhielt er zur Antwort.

»So nutze deine Arme und Beine, wozu sie da sind!« rief der Rabe barsch. »Hier auf dem Ufersand liegt eine Menge Holz. Du könntest dir sehr gut einen Iglu auf dem Hügel neben dem Fluß bauen.« Und damit flog er weiter.

Der Baumwollholzbaum schleppte alle Baumstämme zusammen, die das Meer, so weit er sehen konnte, herangetragen hatte. Dann machte er sich als erstes eine Schaufel, damit er für den Iglu ein rechteckiges Loch in die Erde graben konnte. Er grub so tief, daß er bis zu den Armen in der Grube verschwand. Den Grund der Grube legte er mit Treibholzstämmen aus. Und an den Seitenwänden richtete er das Treibholz senkrecht auf. Auch das schräge Dach fertigte er aus den grob behauenen Stämmen. Zuletzt stach er mit der Schaufel große Stücke Rasen aus. Er schichtete sie rings um die Wände des Iglus, die aus der Grube herausragten, und belegte auch das Dach damit. Nun sah sein Haus aus wie ein kleiner, grasbewachsener Hügel. Der Baumwollholzbaum war sehr zufrieden. Gerade wollte er sich ein wenig ausruhen, da kam der Rabe angehüpft. Mißbilligend klappte er seinen Schnabel auf und zu. »Weshalb baust du keine Cache neben deinen Iglu?«

»Wozu brauche ich einen Vorratsboden, wenn ich weder Fleisch noch Häute habe, die ich darauf aufbewahren könnte?« fragte der Baumwollholzbaum zurück.

»Hinter dem Hügel findest du genügend Fleisch. Auch Wölfe und Füchse leben dort. Du hättest besser doch eine Cache bauen sollen«, behauptete der Rabe. Dann hüpfte er noch ein wenig umher, beäugte alles und flog endlich schwerfällig davon.

Der Baumwollholzbaum aber rammte neben seinem Iglu

vier kräftige Pfähle in die Erde, hoch genug, daß umherstreifende Wölfe und Bären den Vorratsboden nicht würden erreichen können. Dann zimmerte er sich eine Leiter und errichtete auf den Pfählen eine feste Plattform aus Treibholzstämmen. Als sie fertig war und so neu und leer in den tiefblauen Himmel ragte, ließ es ihm keine Ruhe. Neugierig stieg er hinauf auf den Gipfel des Hügels. Weit glitt sein Blick von dort aus über die Tundra auf der anderen Seite des Abhanges. Er sah eine Herde Karibus, er sah Wölfe und Füchse. Da lief er schnell zu seinem Iglu zurück, um sich einen Bogen, ein paar Pfeile, einen Speer und einige Fallen anzufertigen.

Jeden Tag ging der Baumwollholzbaum auf Jagd. Und als die Zeit gekommen war, da man das trockene Gras rupft, um es später zum Schutz gegen die Kälte in die Hosen stopfen zu können, lagen auf seiner Cache viele Bündel getrockneter Sehnen, Felle, sauber geschabte Häute und ein großer Vorrat getrockneten Karibufleisches.

Der Baumwollholzbaum hätte gar zu gerne gewußt, ob der Rabe nun mit ihm zufrieden war. Und wirklich, eines Morgens sah er den Vogel auf dem Gestänge der Cache sitzen, dort, wo sonst die erbeuteten Felle zum Trocknen aufgehängt wurden.

»Eeh!« rief der Baumwollholzbaum erfreut. Doch der Rabe plusterte griesgrämig sein schwarzes Federkleid. »Schaffe dir doch endlich ein Netz an!« schimpfte er. »Lege es in den Fluß! Und später, wenn er zugefroren ist, dann hacke ein Loch in das Eis! Die Fische im Wasser schmecken gut!«

Kaum war der Rabe fortgeflogen, setzte sich der Baumwollholzbaum nieder, um aus Karibusehnen ein Netz zu knüpfen. Als er fertig war, legte er es in den Fluß, wie ihn der Rabe geheißen hatte. Am nächsten Morgen war das Netz voller Fische.

Der Winter kam. Der Fluß erstarrte zu einem glitzernden, mit Schnee verwehten Pfad. Ringsum breitete sich die Stille aus, die der Baumwollholzbaum so liebte. Doch eines Nachts kamen die großen weißen Bären von der See herein, um nach Futter zu suchen. Sie witterten die Fische im Eisloch des Flusses. Sie grapschten mit ihren Tatzen nach der leichten Beute und verschlangen gierig Stück um Stück. Der Baumwollholzbaum hörte sie schmatzen. Er schlich ins Freie und erschlug die Bären mit einer Keule! Nichts unterschied ihn nunmehr von einem richtigen Menschen.

Am Tag darauf sah er im Dämmer der Polarnacht ein Hundegespann über den gefrorenen Fluß herankommen. Auf dem hölzernen Langschlitten saßen zwei junge Männer und eine junge Frau. »Eeh! Sind Leute hier?« riefen sie laut, als sie zu dem Iglu hinaufstiegen.

»Ha, ja!« antwortete der Baumwollholzbaum und lief ihnen schnell entgegen. »Ich lebe hier! Allein!« Und er lud die Fremden ein, bei ihm zu bleiben. Als sie das schöne neue Heim sahen und die Cache voller Fleisch und Felle, fiel es ihnen nicht schwer, der Einladung zuzustimmen.

Noch bevor die Sonne den Eismantel des Flusses vollends zernagt hatte, waren der Baumwollholzbaum und die junge Frau verheiratet. Sie nähte ihm Pelzstiefel, Fäustlinge, Hosen und Parkas. Sie kochte ihm getrocknetes Fleisch und Wurzeln. Der Baumwollholzbaum hätte sich glücklich fühlen können. Doch irgend etwas schien ihm an seinem Leben noch zu fehlen.

Eines Nachts, als alle schliefen, begann er zu schnarchen. Er schnarchte so laut, daß alle davon aufwachten.

»Sag, wie heißt du eigentlich?« fragte einer der jungen Männer und gähnte sich herzhaft die Schlaftrunkenheit aus dem Leib.

»Ich habe keinen Namen«, erwiderte der Baumwollholzbaum traurig.

»Ha, dann will ich dir einen geben!« sagte der junge Mann und lachte. »Ich werde dich Ka-mo-e-luk nennen!«

Da lachten sie alle mit, laut und unbeschwert. Es war zu komisch! Ka-mo-e-luk — einer, der schnarcht! Aber der Baumwollholzbaum war glücklich. Nun hatte auch er einen Namen bekommen. Nun würde kein Mensch jemals erfahren, daß er früher nur ein Baumwollholzbaum gewesen war, der ganz allein am steinigen Ufer eines Flusses wuchs.

Die Vettern

Es waren einmal zwei junge Männer. Sie waren nicht nur Vettern, sondern auch gute Freunde. Der eine, Ke-ak-e-yak, lebte in einem Dorf an der Küste der Beringsee. Wie alle Männer seines Stammes jagte er Seehunde, Bartrobben und große, schwarze Wale. Der andere, Ma-le-yat-o-wit, wohnte eine Tagereise weit im Innern des Landes in einem Dorf inmitten der Karibuherden. Natürlich war er ein Karibujäger. Doch nicht nur ihn und seinen Vetter an der Küste, sondern alle Eskimos dieser beiden Dörfer verband ein Gefühl starker Freundschaft. Sicher gehörten sie einst alle zu einem Stamm; denn ihre Sprache, ihre Bräuche, ihre Kleidung und ihre Werkzeuge glichen sich wie eine Sehnenschnur der anderen. Nur ihre Speere waren unterschiedlich. Jedoch sehr, sehr wenig!

Ma-le-yat-o-wit aus dem Binnenland war der beste Jäger seines Dorfes. Die armen alleinstehenden Frauen hasteten jedesmal mit ihren seehundsledernen Beuteln zu seinem Iglu, wenn sie sahen, daß der junge Mann von der Jagd zurückkehrte. Hatte er ein Karibu erlegt, nahm er das Fell für sich und hängte es über das Gestänge seiner Cache zum Trocknen auf. Das Fleisch jedoch schnitt er in Stücke und verteilte es. Und er achtete darauf, daß jede der Frauen reichlich bekam. Alle im Dorf lobten ihn deshalb.

Auch Ke-ak-e-yak war ein tüchtiger Jäger. Obwohl er verheiratet war und Frau und Kinder zu versorgen hatte, gab er den armen Leuten seines Dorfes alles Fleisch, was er erübrigen konnte. Doch die Seehundfelle und das Robbenöl verwahrte er im Eingangstunnel seines Iglus, bis die Kälte, der Schnee und das Eis kamen. Dann belud Ke-ak-e-yak seinen hölzernen Langschlitten mit Seehundbälgen voll Öl und mit gebündelten Seehund- und Robbenfellen. Er spannte seine neun Schlittenhunde vor und reiste über die frostknarrende Tundra zum Dorf seines Vetters. Dort tauschte er seine Ladung gegen getüpfelte Karibufelle, mit denen er daheim Handel trieb wie der Vetter in seinem Dorf mit dem Öl und den Häuten. Denn die Gaben des Meeres und die des Landes sind jede allein für sich wie ein Trommelfell ohne Spannrahmen.

Eines Tages kamen Ma-le-yat-o-wits Eltern zu ihrem Sohn und sagten: »Ma-le-yat-o-wit! Wir sind alt. Wir haben nicht mehr lange zu leben. Es ist deshalb unser Wunsch, daß du eine Frau nimmst. Wir möchten noch deine Kinder sehen, bevor wir sterben.«

Nun strebte Ma-le-yat-o-wit vor allem danach, seinen Eltern Freude zu bereiten. Also ging er daran, eine Frau zu wählen. Er besuchte jede Familie des Dorfes und ließ sich von den unverheirateten Mädchen ein Schüsselchen Aukootook zubereiten. Das war die Lieblingsspeise seines Vaters. Manche der Mädchen verwendeten zu altes Karibufett dazu, und der Geschmack des Aukootook geriet nicht lieblich genug. Andere geizten bei der Mischung mit dem getrockneten Fleisch, und die Krem schmeckte wäßrig. Doch in dem allerletzten, allerkleinsten und allerältesten Iglu des Dorfes bekam Ma-le-yat-o-wit von einem sehr schönen Mädchen ein Aukootook vorgesetzt, wie er es noch nie zuvor gegessen hatte! Das ausgelassene Fett, die getrockneten Blaubeeren und das kleingeschnittene getrocknete Fleisch waren gut gemischt und so gründlich mit

Schnee geschlagen, daß sich die fertige Krem wie lockeres Gewölk in der dunklen Holzschüssel auftürmen ließ. Ma-le-yat-o-wit bat das schöne Mädchen, ein Schüsselchen mit diesem Aukootook zu seinen Eltern zu tragen. Die beiden Alten kosteten von der Speise, bis die Schüssel leer war. Zwei Tage später wurde die Hochzeit gefeiert.

Nicht lange danach kam von der Küste die Nachricht, daß Ke-ak-e-yak vermißt werde. Er war von der Seehundjagd nicht zurückgekehrt, und seine Frau und seine Kinder waren beunruhigt. Ma-le-yat-o-wit stopfte eilig etwas Proviant in einen Beutel. Obwohl der Schnee breiig und stumpf dem Frühling erlag, wartete der Mann nicht erst die kalten Nachtstunden ab, sondern fuhr sofort mit seinem Hundeschlitten an die Küste. Bei der Frau des Vetters erkundigte er sich nach dem Weg, den Ke-ak-e-yak an jenem verhängnisvollen Tag eingeschlagen hatte. Sie zeigte ihm die Richtung. Und obwohl schon viele Männer des Dorfes vergebens gesucht hatten, fand Ma-le-yat-o-wit bald die ihm vertrauten Spuren seines Freundes. Er folgte ihnen lange über das Packeis. Es war ein beschwerlicher Weg. Die Eismassen waren uneben, zerklüftet und glitschig vom Tauwasser. Dunkel schimmerte in der Ferne das offene Meer wie Öl in der Seehundöl-Lampe.

Ma-le-yat-o-wit gab die Hoffnung nicht auf, seinen Vetter noch am Leben zu finden. Doch er war auch im gleichen Maße beunruhigt. Er wußte zu genau, welch guter Jäger der Vermißte war. Es erschien ihm unmöglich, daß der Freund vielleicht ganz einfach auf einem Eisfeld davongetrieben war. Er überdachte noch einmal alle Möglichkeiten. Da hörte er plötzlich ganz in der Nähe die Stimme seines Vetters schreien: »Laßt mich gehen! Laßt mich hinaus! Meine Frau und meine Kinder warten auf mich!«

Mitten im Gewirr emporgewuchteter, ausgezackter Eisschollen entdeckte Ma-le-yat-o-wit ein winziges Zelt. Er packte seinen Speer fester, bahnte sich einen Weg zu dem Versteck und riß das Zelt auf. Zwei große weiße Bären lagen innen quer vor dem Eingang und hielten so Ke-ak-e-yak gefangen. Doch bevor sie begreifen konnten, was geschehen war, stieß Ma-le-yato-wit den Speer nach ihnen. Dann liefen die beiden Freunde so schnell sie konnten davon.

Schon sehr bald hatte Ke-ak-e-yak Gelegenheit, den Freundesdienst seines Vetters zu erwidern. Es war in den Tagen, in denen die Walrosse von der Beringsee zum Nordpolarmeer zurückschwimmen, wo die Weibchen Jahr um Jahr ihre Jungen zur Welt bringen. Da erhielt Ke-ak-e-yak die Nachricht, daß sein Vetter von der Jagd nicht zurückgekehrt sei.

Ke-ak-e-yak stopfte Proviant in einen Beutel, sagte Frau und Kindern Lebewohl und begann eilends den Fußmarsch über die weglose Tundra. Der Frost hatte das ebene Land während des Winters in riesige Fladen zersprengt. Große Büschel Tundragras ragten über den sumpfigen Grund und ließen sich ihre zottigen grünen Schöpfe von der Sonne trocknen. Ke-ak-e-yak sprang von Grasbüschel zu Grasbüschel. In den Frostrissen schmatzte der Morast. Die Sonne hatte kein Restchen Schnee übriggelassen. Ke-ak-e-yak fand dennoch bald die Fußspuren seines Vetters im Gras und folgte ihnen. Weiter und weiter führten sie ihn. Jeden Augenblick erwartete Ke-ak-e-yak, den Freund zu finden. Aber auf einmal endete die Spur. Nicht eine Fußstapfe war mehr zu sehen. Wieder und wieder umkreiste Ke-ak-e-yak das Ende der Fährte. Nichts! Er untersuchte den Erdboden. Handbreit um Handbreit. Nichts! Müde und verwirrt legte er sich schließlich in das hohe Gras, um ein wenig zu rasten und nachzudenken. Da sah er plötzlich etwas ganz Ungewöhnliches: Genau neben der letzten Fußstapfe des Freundes begann sich das Gras zu bewegen, und Ke-ak-e-yak gewahrte eine kleine versteckte Tür, die sich langsam, ganz langsam von selbst öffnete. Auf die Ellenbogen gestützt, kroch er vorsichtig näher und blickte durch die Tür. Er sah einen viereckigen Raum, und er sah eine Feuerstelle, an der zwei große Braunbären saßen. Sie bemerkten ihn nicht, denn sie beobachteten Ma-le-yat-o-wit, der auf einer Bank an der Rückwand des geheimnisvollen Iglus hockte und offenbar darüber nachgrübelte, wie er von hier entkommen könnte.

Die kleine Tür begann sich langsam, ganz langsam wieder zu schließen. Ke-ak-e-yak erkannte, daß er die Gelegenheit sofort nutzen mußte. Er sprang in den Raum, erlegte mit seinem Speer die beiden Braunbären und riß den Freund mit sich zur Tür, die sich unaufhaltsam lautlos schloß. Keuchend stieß er Ma-le-yat-o-wit ins Freie. Nun war der Spalt nur noch ganz schmal. Ke-ak-e-yak zwängte sich mit aller Kraft ebenfalls hindurch. Da schnappte die Tür zu. Sie fing gerade noch eine Ecke von der schwarzweißen Musterkante an Ke-ak-e-yaks Parka. Aber Ke-ak-e-yak riß sich los und entkam unversehrt.

Von nun an glückte den beiden Vettern alles, was sie unternahmen. Und als sie graue Haare hatten, wurden sie Dorfälteste — ein jeder in seinem Stamm. Die Dörfer aber lebten bis zum heutigen Tage in Frieden miteinander.

Der Wal in der Schüssel

Vor vielen, vielen Jahren kannten die Eskimos das Rentier noch nicht, den zahmen Vetter des Karibus. Heute halten sie die Rentiere in großen Herden. Sie hüten sie, anstatt sie auf Jagdzügen zu verfolgen. Und sie wissen sehr gut, daß so eine Herde, gleich einer nie versiegenden Quelle, Fleisch für die Nahrung und Felle für die Kleidung liefert, wenn man sich nur genügend um sie kümmert.

Vor vielen, vielen Jahren gab es in Alaska nur das Karibu. Es konnte vorkommen, daß die Hirsche ihre gewohnten Wechsel verließen und in eine andere Gegend zogen. Die Eskimos kehrten dann mit leeren Händen von ihren Jagdzügen zurück. Die Vorräte gingen zur Neige. Gierig balgten sich die Hunde um die Abfälle. Keiner konnte mehr Fleisch für sie entbehren. Denn eine Familie hat mindestens so viele Hunde wie Finger an den Händen, und ein ausgewachsenes Karibu reicht gerade aus, die Hunde dreimal satt zu füttern. Manchmal, wenn die Not größer und größer wurde, mußten die Eskimos sogar ihre Schlittenhunde schlachten und verspeisen. Dabei ist ein Eskimo ohne Hund wie ein Vogel ohne Flügel. Es gab aber auch Stämme, die zogen dem Elend in ihren Dörfern davon, fort zum Meer hin, wenn der Weg nicht gar zu weit und zu beschwerlich war. Einmal jedoch, in jenen schlimmen Zeiten, fand ein Eskimostamm nicht einmal an der Küste Rettung vor dem Hunger. Keinen Wal, keinen Seehund, nicht einmal einen kleinen Weißfisch fingen die Männer in den ausgelegten Netzen. Die Menschen mußten sich zuletzt von kleingeschnittenem Walroßleder ernähren.

In einem kleinen Iglu, ganz allein für sich, waren eine arme alte Frau und ein kleines Mädchen untergekommen. Die alte Frau war schon viel zu schwach, um noch nach Nahrung suchen zu können. Aber das kleine Mädchen stapfte Tag für Tag hinunter zur Küste. Jedesmal hoffte es aufs neue, daß die Flut einige Muscheln oder wenigstens zwei, drei Seeschnecken auf den Strand gespült hätte. Doch jeden Tag suchte es vergebens.

Als es wieder einmal so am Ufer entlangging und mit einem Stöckchen zwischen den Steinen stocherte, glitt plötzlich auf dem Meer ein Kajak in schneller Fahrt auf das Ufer zu. Dicht neben dem kleinen Mädchen lief es im seichten Wasser auf Land.

»Eeh!« Der Mann, der in dem Kajak saß, winkte die Kleine zu sich. Gehorsam patschte sie in ihren Pelzstiefeln durch das

Wasser. Als ihr die kleinen Wellen fast bis an die Knie reichten und gischtend nach dem Saum ihrer Parka sprangen, konnte sie den Rand des Bootes gerade mit den Händen fassen. Der Fremde aber reichte ihr ein Stück Walhaut mit dem Speck daran heraus. »Laß es die Leute nicht sehen!« warnte er. »Trage das Muktuk nach Hause und lege es in eine neue Schüssel mit Salzwasser. Wenn es sich nicht verändert, dann iß es. Aber wenn es sich verändert, dann iß es nicht, sondern warte, bis du einen Kopf, einen Schwanz und Flossen erkennen kannst. — Doch vor allem: Laß es die Leute nicht sehen!«

Das kleine Mädchen dankte dem Mann und eilte nach Hause. Die alte Frau hockte mit untergezogenen Beinen zitternd vor Hunger auf der Wandbank. Auch das kleine Mädchen war sehr erschöpft. Dennoch ließ es das Stück Muktuk nicht aus den Händen. So hungrig die beiden auch waren, keine von ihnen kostete von der Walhaut mit dem Speck daran. Sie legten sie in eine neue hölzerne Schüssel und gossen Salzwasser darüber, ganz genau so, wie es der Fremde das kleine Mädchen geheißen hatte. Nach wenigen Minuten begann sich die Walhaut ein bißchen zu bewegen. Es sah aus, als sei sie lebendig geworden. Da goß das Mädchen mehr Wasser in die Schüssel. Wieder vergingen einige Minuten, und dann wurde die Walhaut ganz langsam größer.

Jeden Morgen mußte die Kleine neues Wasser zugießen. Und es dauerte gar nicht lange, da konnte sie an dem immerzu wachsenden Stück ein breites Maul erkennen, dann eine steife waagerechte Schwanzflosse, später zwei Vorderflossen und zuletzt eine dreieckige Rückenflosse. Wie ein schwarzer Wal sah es aus, war aber nicht größer als ein Seehund.

Doch der Wal wuchs und wuchs. Es wurde immer schwieriger, ihn vor den Leuten versteckt zu halten, die zufällig in den Iglu kamen. Die alte Frau hängte schließlich einen Vorhang quer vor einen Winkel des Iglus und schob die Schüssel mit dem Wal dahinter. Doch als die Tante des kleinen Mädchens eines Tages zu ihnen herabgestiegen kam, fragte sie gleich als erstes: »Wozu habt ihr den Vorhang in der Ecke?«

»Mein kleines Mädchen wollte sich ein Spielhaus herrichten«, erzählte die alte Frau schnell. »Ich konnte es ihr nicht gut abschlagen.«

Die Tante war mit dieser Antwort zufrieden und machte keinerlei Anstalten, hinter den Vorhang zu sehen.

Der Wal wuchs und wuchs, bis er den halben Iglu einnahm. Im Dorf dagegen wurde alles Eßbare so knapp, daß die ersten Leute den Hungertod herannahen fühlten. Da entschlossen sich die alte Frau und das kleine Mädchen, den Wal zu schlachten. Früh am Morgen stachen sie ihn ab, häuteten ihn und zerlegten ihn. Das Fleisch und der Speck füllten den ganzen Eingangstunnel ihres Iglus. Dann öffneten sie den Entlüfter im Dach und kochten sich über der Seehundöl-Lampe ein Stück Fleisch.

Es dauerte nicht lange, da hatte der Duft des kochenden Walfleisches die Tante herbeigelockt. »Wo habt ihr das her? Wo habt ihr das her?« schrie sie und stand staunend vor der Kochstelle in der Mitte des Iglus.

Die Alte und das Mädchen gaben ihr von dem Fleisch, sie erzählten ihr die Geschichte von dem Fremden und dem Kajak, und sie hießen sie, den Leuten im Dorf das Geheimnis zu verraten. Als die Tante das getan hatte, kam aus jedem Iglu ein Bittender zu ihnen. Sie brachten Karibufelle und Seehundbälge und getrocknete Walroßdärme und was immer sie an Nützlichem zum Tausch für das Walfleisch anzubieten hatten. Jeden Tag von neuem gab die alte Frau den hungernden Menschen von ihrem Fleisch. Der Vorrat reichte gerade aus, bis die Eiderenten, feist und fett, in riesigen Schwärmen aus dem Süden zurückgeflogen kamen.

Da war das Dorf gerettet.

Der E-ne-o-tuk

Bevor die Weißen nach Alaska kamen, lebten die Eskimos ganz anders als heute. War damals ein Junge vierzehn oder fünfzehn Jahre alt geworden, mußte er sein Zuhause verlassen und mit den gleichaltrigen und den älteren Burschen des Dorfes zusammen im Gemeindehaus, dem Kazhgie, leben. Ein Kazhgie ist fünfmal so groß wie ein einfacher Iglu; denn in ihm zimmern die Männer ihre Kajaks und Schlitten. Im Kazhgie tanzen die Leute des Stammes und feiern ihre vielen winterlichen Feste. Und im Kazhgie veranstalten sie ihre Schwitzbäder. Für die jungen Burschen bedeutete das Leben im Kazhgie eine Art Schule. Jeden Abend nämlich kamen die Männer des Dorfes in ihrem Gemeindehaus zusammen und sprachen über die Geschehnisse des Tages, während sie ihre Jagdausrüstung ausbesserten oder ergänzten. Die Jungen sahen und hörten ihnen dabei aufmerksam zu. So lernten sie nicht nur, Werkzeuge und Waffen herzustellen, sondern erfuhren auch, wie man sich ihrer bediente. Im Winter, wenn die Abende dreimal so lang waren wie die Tage, erzählten die Geschichtskundigen des Stammes den Jungen im Kazhgie von den Traditionen, den Gesetzen und den Sitten ihres Stammes. Und wenn dann die Arbeit, das Schwitzbad und all das viele Reden die Männer genügend müde gemacht hatten, gingen sie nach Hause in ihre Iglus. Die Jungen aber tanzten noch, führten Seiltricks vor oder trugen Ringkämpfe aus.

Spät in der Nacht erst krochen sie alle im Kazhgie in ihre Fellsäcke. Solange die Mehrzahl der Männer im Dorfe zu tun hatte, war all das schön und gut und nützlich. Doch wenn die Jäger gemeinsam tagelang dem Wild nachspürten, wenn die Jungen längere Zeit allein im Kazhgie zurückbleiben mußten, geschah dort manches Unheil. Wie damals in Wales, viele

Jahre zurück, als das Dorf noch seinen alten Namen Kingen trug.

Es war in der Zeit, da das Eis kam und die Walrosse vor ihm her in die wärmeren Gewässer zogen. Den dritten Tag schon brachten die Männer des Dorfes in ihren kleinen und großen Fellbooten die kostbare Beute ein. Keiner war da, den Kazhgie-Jungen den Übermut zu zügeln. Sie dachten sich einen Unfug nach dem anderen aus. Und als ein kleines Mädchen zufällig in dem dichten Nebel, der schwer und naß auf den Iglus lastete, den Pfad am Kazhgie entlangtappte, sprangen sie es lautlos an, wie die Nerze den Hasen. Das Mädchen schrie gellend auf vor Schreck, und die Jungen lachten sich heiser. Sie stießen die Kleine von einem zum anderen, zupften sie an den Haaren und kniffen sie, bis sie den Kreis der Jungen endlich durchbrechen konnte. Schluchzend lief das Mädchen zu seiner Großmutter, mit der es ganz allein lebte.

Die Großmutter wurde sehr zornig, als sie erfuhr, was geschehen war. Sie beschloß, die Jungen so zu bestrafen, daß sie es niemals vergessen würden.

Als es Abend wurde, begann sie ihr Gesicht auf das schauerlichste zu bemalen. Zufrieden betrachtete sie sich dabei in dem schwärzlichen Ölspiegel der Seehundöl-Lampe. »Hör auf zu weinen«, sagte sie zu dem Mädchen. »Sieh mich an! Das wird sie erschrecken!«

»Oh, nein, nein«, klagte die Kleine. »Das wird sie nur lachen machen.«

Die alte Frau rieb sich Asche ins Haar und Ruß ins Gesicht. »Werde ich sie so erschrecken?« fragte sie.

Das kleine Mädchen schüttelte heftig den Kopf. »Du wirst sie niemals erschrecken. Du kennst diese Jungen nicht!«

Da dachte die Großmutter lange schweigend nach. Endlich suchte sie das lederne Säckchen mit der Farbe hervor. (Sie hatte die Klumpen des roten verwitterten Gesteins von den Inselleuten eingetauscht, damit sie die Bänder für die Pelzstiefel des Mädchens leuchtend rot färben konnte.) Dann holte sie aus dem Eingangstunnel den Stein mit der Kuhle darin. Auf ihm zerrieb sie die Farbklumpen zu Mehl, tropfte Wasser darauf, rieb weiter und rührte, bis der Farbbrei die richtige Beschaffenheit hatte. Nun zog sie ihr warmes Pelzkleid aus, nahm ein paar alte, schon halb kahle Wolfsfelle und band sie sich um den Leib. Mit einem Grasbüschel begann sie endlich ihre ungewöhnliche Malerei.

Das kleine Mädchen lag noch immer auf der Schlafbank und hielt ihr Gesicht in den weichen, zärtlichen Fellen verborgen. Langsam beruhigte sie sich. Da ließ sie ein scharrendes Geräusch aufsehen. Entsetzt schrie sie auf: Aus der Ecke des Iglus kam auf Ellenbogen und Knien ein entsetzliches blutendes Etwas auf sie zugekrochen. »Wird sie das erschrecken?« keuchte die Großmutter vor Anstrengung. Die Felle und die tropfenden roten Farbkleckse machten ihren Körper unkenntlich. Das Mädchen konnte nur nicken. Die alte Frau aber kroch aus dem Iglu hinaus zum Kazhgie hin.

Drinnen sangen und tanzten die Jungen. Nur Ah-me-zuk kam zufällig in diesem Augenblick heraus. Ah-me-zuk war noch keine zwölf Jahre alt. Er lebte im Kazhgie, weil seine Eltern gestorben waren. Als er in der Dunkelheit das unförmige Etwas auf den Kazhgie zukriechen sah, wunderte er sich, was es wohl sein könnte. Und weil er auch ein bißchen beunruhigt war, rannte er in den Kazhgie zurück und sagte: »Singt nicht so laut! Da kommt jemand!«

Die Jungen lachten ihn nur aus. Sie änderten den Text ihres Liedes und sangen: »Ah-me-ze-tuk suk-lum-nuvik-ta! Ah-me-ze-tuk pe-ke-ah-kun e-ke-gut ka-gunna!« Ah-me-zuk erzählt Lügen! sangen sie. Ah-me-zuk, lauf schnell und verstecke dich auf der Cache!

Aber Ah-me-zuk fürchtete sich gar nicht! Er ging schwei-

gend wieder hinaus, und da stand er der alten Frau von Angesicht zu Angesicht gegenüber. Er erkannte dennoch nicht, daß sie ein Mensch war. Erschrocken lief er ein zweites Mal zurück. »Hört auf zu singen!« schrie er. »Draußen ist ein E-ne-o-tuk! Er läuft auf Ellenbogen und Knien und hat die Augen in den Schultern!«

Die Jungen verspotteten Ah-me-zuk wiederum. Sie mochten ihn ohnehin nicht sehr. Er war ihnen viel zu brav. Schon am Morgen hatte er als einziger den Spaß mit der Kleinen nicht mitgemacht. Sie waren überzeugt, daß er sich diesmal nur vor der Dunkelheit fürchtete. Doch da klapperte ein wenig die Tür. Die Jungen blickten auf den Eingang und brachen ihren Gesang ab. Ah-me-zuk rannte in die dunkelste Ecke des Kazhgies. Er steckte seine Finger in den Mund und biß darauf, so heftig er konnte. Dann steckte er die Finger in einen Riß in der Wand.

Die Finger schwollen an, der Spalt schloß sie ein und hielt so den Jungen fest.

Langsam öffnete sich die Tür. Herein kroch ein blutendes Ungeheuer. Die Jungen konnten ihre Augen nicht von ihm lassen. Keiner brachte einen Laut hervor. Sie waren stumm und beinahe ohnmächtig vor Schrecken. Der Geist kroch langsam, in weitem Bogen, immer ringsum. Bald ließen sich zwei, drei Jungen auf Ellenbogen nieder und krochen hinter ihm her. Hilflos, wie verhext, geriet einer nach dem anderen in den Bann des vermeintlichen E-ne-o-tuk. Nur Ah-me-zuk wurde von dem Spalt festgehalten.

Ein letztes Mal kreiste der Geist in dem Raum. Doch als es ihm wieder nicht gelang, Ah-me-zuk zum Folgen zu zwingen, kroch er langsam aus dem Kazhgie. Über die eisverkrustete Tundra kroch er, durch den nassen frischen Schnee zu den Hügeln hin, und alle die bösen Jungen folgten ihm auf ihren Knien und Ellenbogen. Es dauerte nicht lange, da hatte sich der seltsame Zug in der Dunkelheit verloren.

Am darauffolgenden Morgen kehrten die Männer von der Walroßjagd ins Dorf zurück. Einer von ihnen, der am Kazhgie vorüberkam und sich über die ungewöhnliche Ruhe darin wunderte, öffnete die Falltür einen Spalt breit und rief: »Eh! Jungen! Habt ihr euren Morgentanz verschlafen?« Als Antwort hörte er nur die klägliche Stimme Ah-me-zuks. Beunruhigt kroch der Mann durch den Eingangstunnel in den großen Innenraum. Ah-me-zuks Hand klemmte noch immer in der Wand. Das Holz mußte weggespellt werden, damit man die Finger des armen Jungen befreien konnte.

Als die Leute des Dorfes hörten, was geschehen war, folgten sie den Spuren der Jungen durch den Schnee. Hoch oben auf dem Berghang stießen sie auf ihre zusammengekrümmten Körper. Ein jeder von ihnen ein kurzes Stück hinter dem anderen. Ein jeder in festen glatten Stein verwandelt. Und auf der anderen Seite des Abhanges glitt ein Hundegespann mit einem hochbepackten Langschlitten und zwei dick eingehüllten Gestalten darauf unaufhaltsam über die kälteschimmernde schneeige Weite dem Horizont zu.

Noch heute aber kann man die Steine sehen. Auf dem Berghang, gerade hinter dem Dorfe Wales, liegen sie, hoch oben, aneinandergereiht wie auf einer Schnur — eine ewige und stumme Mahnung, was Jungen solcher Art geschehen kann.

Vom Jäger, der ein Karibu wurde

Es war einmal ein Jäger, der hatte eine Frau und zwei kleine Söhne. Aber er hatte auch eine Schwiegermutter. Und die fand an allem, was der Jäger tat, etwas zu bemängeln. Ihre Parkas waren mit vielen kostbaren Zobelschwänzen und handbreiten Musterkanten aus den schönsten Fellen verziert. Doch sie klagte, daß der Jäger seine Familie schlecht ausstatte. Noch nie war der Familie im Winter die Nahrung ausgegangen, und sogar die Hunde bekamen immer reichlich zu fressen. Die Schwiegermutter aber jammerte, wie schlecht der Jäger die Seinen ernähre. Und überhaupt sei er in keiner Weise mit all den anderen Männern zu vergleichen, die sie kenne. Ohne Umschweife richtete sie ihm seine Schlafstätte im Eingangstunnel des Iglus her. Nun ist so ein Eingangstunnel zwar ebenfalls mit festen Treibholzstämmen ausgelegt. Er ist auch geräumig; gut zweimal so lang wie ein Eskimo. Seine Öffnung kehrt den eisigen, stöhnenden Nordwinden den Rücken zu, und eine feste Falltür verschließt ihn nach außen. Aber da ist auch eine kleine viereckige Tür zum Innenraum des Iglus. Und diese Tür verschloß die Schwiegermutter ebenfalls Abend für Abend, wenn sich der Jäger auf seine Felle niedergelegt hatte. Die Klagen, die sie auf der Familienschlafbank über ihn vorbrachte, hörte er dennoch.

Die Frau des Jägers fand nichts an ihrem Mann zu bemängeln. Sie beachtete auch nicht, was ihre Mutter sagte. Es half nichts; der Jäger fühlte sich sehr unglücklich. Er fand sein Leben geradezu erbärmlich. Und er entschloß sich, die Seinen zu verlassen. Er wartete noch, bis die Cache voll war von Vorräten an Fleisch und Fellen. Dann gab er Anweisung, daß alle seine Netze, Fallen, Speere, Bogen und Pfeile, Harpunen und Boote für seine Söhne verwahrt werden sollten, bis diese herangewachsen seien. Der Sitte nach sollten sie unterdessen im Gebrauch all dieser Dinge gut unterwiesen werden.

So bitterlich die junge Frau auch weinte, ihre Tränen konnten den Entschluß des Jägers nicht wegschwemmen. Er gab ihr und den zwei kleinen Jungen zum Abschied den Nasenkuß und ging davon.

Ganz allein wanderte der Jäger über die Tundra. Riesige Schwärme Stechmücken fielen über ihn her, und da wußte er, daß bald die Nebeltage die weiten Ebenen in ihren feuchten Mantel hüllen würden. Mit den Nebelschwaden würde die Dunkelheit kommen, der Regen und das erste dünne Eis auf den kleinen Seen. Ganz schwer und bitter wurde dem Manne bei diesen Gedanken zumute. Er glaubte, das Schlimmste von allem auf der Erde wäre, ein Mensch zu sein. Neidvoll beobachtete er einen Schwarm Schneehühner, die sorglos ihre Nahrung aufpickten. Ringsumher gab es reichlich Beeren, grüne Blätter und Samenkörner. Die Schneehühner sahen alle dick und zufrieden aus. »Ha! Wenn ich doch ein Schneehuhn wäre!« seufzte der Mann. »Ich wäre glücklich!« Und als sich der Schwarm in die Höhe erhob und abstrich gleich einer getüpfelten weißen Wolke am tiefblauen Himmel, folgte er den Vögeln. Irgendwie empfand er so etwas wie Hoffnung, daß sie vielleicht Mitleid mit ihm bekämen und daß er ein Schneehuhn werden könnte wie sie. Aber jedesmal, wenn er den Schwarm wieder eingeholt hatte, breiteten die Tiere ihre Flügel aus und stoben davon. Den ganzen Tag folgte ihnen der Jäger, und seine Hoffnung wuchs und wuchs. Gerade als die Sonne unterging, stieg der Schwarm hoch in die Luft und verschwand über einem kleinen Berg.

Als der Jäger auf dem Gipfel jenes Berges ankam, schätzte er schnell, wie weit die Schneehühner inzwischen geflogen sein könnten. Und gerade dort, wo der Schwarm niedergegangen sein mußte, sah er nahe an einem Flüßchen mit einem Saum aus dichtem Weidengebüsch ein kleines Dorf. Er lief hin und ohne Pause geradewegs weiter zum Kazhgie. Drinnen brannten schon die Seehundöl-Lampen. Zahlreiche Männer und Jungen und auch ein paar Frauen saßen um sie herum. Der Jäger blieb zögernd abseits vom hellen Lichtschein der Lampen stehen, wie es sich für einen Fremden gehört. Bald trat ein weißhaariger Mann auf ihn zu, der offenbar der Dorfälteste war. »Weshalb, Fremder«, so fragte er, »bist du uns den ganzen Tag gefolgt?« Da erkannte der Jäger, daß alle die Leute in dem Kazhgie die Schneehühner in ihrer Menschengestalt waren. »Es ist, weil ich gern einer von euch werden möchte«, antwortete er schnell.

»Einer von uns?« Das Oberhaupt der Schneehühner betrachtete den Jäger erstaunt. »Unser Leben ist dir wohl recht vergnüglich erschienen? — Ah, gewiß! Wir finden immer genügend zu fressen. Und wir haben nicht nur unser luftiges braunscheckiges Sommerkleid. Wie du siehst, wachsen uns für den Winter besonders warme weiße Federn. Sogar an den Läufen wachsen sie uns, bis zu den Zehen herab. Der Frost kann uns nichts anhaben. Aber unser Leben ist trotzdem beständig bedroht. Wir sind Beute für die großen Vögel der Luft. Wir sind Beute für die kleinen und großen Raubtiere. Und wir sind genausogut Beute für den Menschen. — Oh, ich bin sicher, es verlangt dich nicht danach, einer von uns zu werden!« Damit ließ er den Jäger stehen. Aber die Leute waren sehr freundlich zu ihm. Sie gaben ihm zu essen und zu trinken. Zur Schlafenszeit reichten sie ihm zwei Felle. Ein weißes, um darauf zu liegen, und ein braunes zum Zudecken. Der Jäger bedachte noch einmal das Gespräch mit dem Ältesten der Schneehühner. Alles, was dieser gesagt hatte, war nur zu wahr. Da war es schon besser, ein unglücklicher Mensch zu sein! Und weil der Jäger müde war von dem langen Marsch, schlief er bald ein.

Als die ersten Strahlen der Morgensonne über die Hügel schienen, wachte der Jäger auf. Das Dorf und alle seine Bewohner waren verschwunden. Und an Stelle des braunen Felles, mit dem er sich am Abend zugedeckt hatte, fand er eine braune Schneehuhnfeder! Da sah er nach dem weißen Fell. Doch unter ihm lag nichts als eine weiße Schneehuhnfeder. Zwei kleine Federn hatten ihn die ganze Nacht warm gehalten.

Wieder wanderte der Jäger ziellos umher. Er ließ sich von seinen Füßen tragen, wohin sie wollten. Plötzlich sah er ein Pärchen Pfeifhasen, das aus einem Weidengebüsch hervorhoppelte. Der Jäger beobachtete die beiden eine lange Zeit. Er sah, wie sie allerlei Blättchen und anderes Grünzeug aßen. Er sah, wie sie sich eine kleine Kuhle scharrten, um darin ein Sonnenbad zu nehmen, und wie sie sich sorglos rekelten und miteinander spielten. »Wenn ich ein Pfeifhase werden könnte«, sagte er zu sich, »wäre ich vielleicht glücklich. Ich will den beiden folgen. Vielleicht bekommen sie Mitleid mit mir und lassen mich zu einem Pfeifhasen werden.« Aber als er sich den Tieren näherte, sprangen sie davon, schnell und unberechenbar wie der Wind, mal in der einen und gleich wieder in einer anderen Richtung. Der Jäger mußte spähen wie ein Habicht, daß er die beiden nicht aus den Augen verlor. Denn jedesmal, wenn er ihnen wieder nahe kam, sprangen sie fort.

Gerade als die Sonne unterging, rannten die beiden Pfeifhasen einen kleinen Hügel hinauf und verschwanden dahinter.

Als der Jäger die Stelle erreicht hatte, an der er sie das letzte Mal gesehen hatte, bot sich ihm ein weiter Blick in ein Flußtal, das schon ganz vom Abend überschattet war. Deutlich sah er dort einen einsamen Iglu. Er lief hin und fand darin zwei alte Leute, die ihr Essen zubereiteten. Sie gaben dem Jäger davon ab, und als sie alle drei satt waren, fragte der alte Mann: »Fremder, warum bist du uns den ganzen Tag gefolgt?«

Der Jäger schilderte den beiden Alten seine Sorgen. Und er gestand am Ende, wie sehr er sich wünschte, so glücklich und sorgenfrei wie sie zu leben.

»Du wärest nicht glücklich, wenn du wie einer von uns leben müßtest!« sagte der alte Mann traurig. »Zu oft geht es uns schlechter als irgendeinem anderen. Die großen Vögel in der Luft jagen uns, und die Füchse und die Wölfe lauern uns auf. Die Menschen fangen uns in Fallen, um sich mit unseren Fellen zu kleiden. Und die Nerze und Wiesel rauben sogar unsere Kinder! — Überlege es dir gut, bevor du ernsthaft wünschst, ein Pfeifhase zu werden!«

Der Jäger war schnell überzeugt, daß das Leben der Pfeifhasen nicht so freudevoll war, wie er angenommen hatte. Er belästigte deshalb die beiden Alten nicht weiter. Sie gaben ihm zur Schlafenszeit einen Fellsack, und in kurzer Zeit war der Jäger eingeschlafen. Die blaßkalte Morgensonne schien, als er erwachte. Er fühlte sich warm und ausgeschlafen. Doch der Iglu, die beiden alten Leute und auch sein Schlafsack waren verschwunden. Er lag ganz allein auf der bloßen Erde.

Noch einmal begann der Jäger seine Suche nach einem glücklichen Leben. Da sah er eine große Herde Karibus geruhsam am Hügelabhang grasen. Vorsichtig ging er näher heran und sah, wie dick und gesund die Tiere alle waren. Er überdachte gründlich ihr Leben. In ihrer großen Anzahl sah er Sicherheit vor Überfällen. Wie lange er auch grübelte, er fand keinen Grund, unzufrieden zu sein, falls er ein Karibu wäre. Entschlossen ging er auf die Herde zu. Aber es geschah wie an den vergangenen Tagen. Näherte sich der Jäger den Tieren, zogen sie fort zu einem anderen Flecken. Wieder blieb ihm nichts übrig, als der Herde zu folgen, bis die Karibus am Abend über einen Hügel wechselten und aus seinem Gesichtskreis verschwanden.

Der Jäger stieg auf die Kuppe des Hügels und schaute von dort nach den Karibus. Er sah ein Dorf mit vielen Iglus und einem großen Kazhgie. Er ging ohne Zögern auf den Kazhgie zu. Der große Raum war voll von Männern. Doch einer von ihnen war leicht als der Anführer zu erkennen.

Der Jäger verharrte bescheiden, von den Seehundöl-Lampen weit genug entfernt. Jemand brachte ihm zu essen. Und als er satt war, rief ihn das Oberhaupt zu sich. »Jäger, warum bist du uns den ganzen Tag ohne Bogen und Pfeile und ohne einen Speer gefolgt?«

»Ich wollte keinen von euch töten!« versicherte der Mann. »Ich möchte ein Karibu werden und mit euch leben.«

»Weshalb willst du ein Karibu werden, wenn du bereits ein Mensch bist?«

Der Jäger erzählte seine Leidensgeschichte. Als er geendet hatte, erfaßte die Männer ein solches Mitleid mit ihm, daß sie beschlossen, ihn in ihre Herde aufzunehmen.

Am nächsten Morgen wachte der Jäger auf, gerade als die Sonne aufging. Das Dorf war verschwunden. Über Nacht hatte es geschneit, und die Tundra war schon ein wenig gefroren. Um ihn herum drängten sich die Karibus. Der Jäger blickte an sich hinab. Und da gab es keinen Zweifel mehr: Er war ein Karibu! Das erste Mal nach vielen Jahren war nun der Jäger mit seinem Leben zufrieden. Er brach die Schneedecke mit seinen scharfen Hufen und aß die weißlichgrauen Strauchflechten, die darunter verborgen waren. Er fühlte sich sehr gut dabei. Und dennoch verlor er beständig an Gewicht. Bald war er so dünn geworden, daß es ihm Sorge bereitete. Da ging er zum Leittier der

Herde und bat um Rat. »Ich esse den ganzen Tag«, sagte er, »aber ich werde von Sonnenaufgang zu Sonnenaufgang dünner.«

»Das ist, weil dir die Veränderung der Nahrung nicht bekommt«, sagte das Leittier. »Denke in Zukunft, wenn du Tundramoos kaust, an etwas, was du als Mensch gern gegessen hast!«

Der Jäger versuchte es. Und in kurzer Zeit war er wieder groß und stark.

Von nun an war er noch zufriedener. Es sei denn, die Herde wurde erschreckt und stürmte wild davon. Bei solchen Gelegenheiten blieb der Jäger weit hinter seinen Gefährten zurück. Er konnte versuchen, was er wollte. Er schaffte es nicht, mit den schnellfüßigen Karibus Schritt zu halten. Eines Tages, als die Herde wieder einmal verfolgt wurde, bemerkte das Leittier, daß der Jäger zurückblieb. »Wie kommt es, daß du so langsam bist?« fragte es ihn am Abend im Kazhgie.

»Ich verliere immer Zeit, wenn ich nach unten blicke, um auf meine Füße zu achten«, erklärte der Jäger.

Das Oberhaupt der Herde blickte den Jäger weise an und belehrte ihn: »Wenn du davonstürmst, darfst du nie auf deine Füße sehen! Ein Karibu blickt zum Horizont, wenn es flüchtet!«

Als die Herde das nächste Mal von Wölfen gejagt wurde, hielt der Jäger seinen Kopf hoch und blickte unverwandt zum Horizont. Seine Füße liefen und liefen. Es war ihm ein leichtes, mit dem schnellsten Hirsch Schritt zu halten.

Das Leittier machte es sich von da an zur Gewohnheit, den Jäger zu sich zu rufen, wenn die Herde am Abend ihren Kazhgie für die Nacht aufgesucht hatten. Es erklärte ihm, wohin es die Herde am nächsten Tag führen werde und was dabei geschehen könnte. So wußte der Jäger nun immer, was zu tun war, und brauchte sich vor nichts mehr zu fürchten.

»Ich will heute über die Jäger zu dir sprechen«, begann das Leittier eines Abends seine Unterweisung. »Es gibt zwei Sorten von ihnen. Die einen nennen wir die schwarzen Jäger und die anderen die weißen. Der schwarze Jäger ist unser Feind. Vor ihm flüchten wir; denn er tötet uns zu seinem Vergnügen. Er verwahrt unser Fleisch nicht als Vorrat, sondern läßt in der Tundra zurück, was er nicht sofort verwenden kann, und dort verfault es. Du wirst den schwarzen Jäger leicht erkennen. Er hebt sich dunkel gegen den Horizont ab, und wenn du seinen Weg kreuzt, stolperst du mit deinen Hufen über seine groben Spuren, und sein Geruch ätzt deine Nase. Der andere Jäger sieht nicht tatsächlich weiß aus. Jedoch sein Wesen ist klar wie Wasser, und seine Spuren sind geruchlos. Er tötet uns nur, um essen und sich kleiden zu können. Er nimmt sich mit dem Fleisch sehr in acht und läßt kein Stückchen verderben. Deshalb versuchen wir immer, solchen Jägern zu helfen.«

Wenige Tage später gewahrte das Leittier ein schwarzes Gebilde am Horizont. Im gleichen Augenblick ergriff es mit der Herde die Flucht. Während sie einer fernen Hügelkette zueilten, stolperte der ehemalige Jäger plötzlich über etwas, und in seine Nase drang beißender Geruch. Da wußte er, daß sie den Weg des schwarzen Jägers gekreuzt hatten.

Am nächsten Tag kam dem Leittier ein weißer Jäger in Sicht. Da ging es zwischen den friedlich grasenden Hirschen umher, wählte zwei fette Böcke aus und gebot ihnen am Ende der Herde zu äsen. Sie taten es, ohne ein Wort zu fragen. Der Rest der Herde aber wanderte geruhsam ein kurzes Stück weiter und überließ die zwei Böcke dem weißen Jäger.

Dieses Ereignis bekümmerte den Jäger sehr. Aber am Abend im Kazhgie tröstete ihn das Oberhaupt. »Sei nicht traurig«, sagte es. »Unsere Jungen werden bald zu Hause sein.«

Der Jäger wußte nicht, wie er diese Worte deuten sollte. Da drang der Klang von entferntem Gelächter und fröhlichen Reden an seine Ohren, und bald darauf betraten die beiden jungen Männer den Kazhgie.

»Hat euch der weiße Jäger sorgfältig gehäutet?« fragte das Oberhaupt die Ankömmlinge. »Und ist er achtsam mit dem Fleisch umgegangen?«

»Ja!« sagten die jungen Männer. »Sein Messer war scharf, und alles wurde ordentlich getan.«

Da lächelte das Oberhaupt zufrieden. Die beiden jungen Männer aber setzten sich zu ihrem Abendessen.

Die glücklichen Jahre flossen dahin wie ein breiter, ruhiger Fluß, der dem Meer zuströmt. Der Jäger wurde ein altes Karibu und begann manchmal, an sein früheres Leben als Mensch zu denken. Er hätte zu gerne gewußt, ob seine Schwiegermutter inzwischen gestorben war, ob sich seine Frau wieder verheiratet hatte und ob seine Söhne zu starken Männern herangewachsen waren. Der Wunsch, noch einmal zu seinem alten Heim in der Nähe der Küste zurückzukehren, wuchs immer stärker in ihm. Da ging er zum Oberhaupt der Herde und fragte um Rat. Das weise Leittier verstand die Gefühle des Jägers. Und es gab ihm die nötigen Anweisungen, die zu befolgen waren. Aber es warnte den Jäger auch: Nach all den Jahren, die er als Karibu gelebt hatte, sei es sehr hart, wieder ein Mensch zu werden! Doch der Jäger sagte seinen Karibu-Freunden Lebewohl und wanderte seinem fernen Dorfe zu.

Als der Jäger den Behausungen der Menschen näher kam, versperrten viele Schlingen und Fallgruben seinen Weg. Da er sie alle genau kannte, kam er unversehrt an ihnen vorüber. Erst als er in der Ferne schon deutlich das Gestänge seiner Cache erkennen konnte, überfielen ihn die Gedanken an seine Frau und seine Jungen mit solcher Gewalt, daß er all die Gefahren um sich herum vergaß. Und augenblicklich fühlte er sich festgehalten. Es riß ihn zu Boden. Er hatte sich in einer Schlinge gefangen. Heftiges Mühen und Sträuben hätte die Sache nur noch schlimmer gemacht.

Also blieb er liegen und wartete geduldig. Bald kamen zwei

junge Männer den Pfad entlang. Als sie das Karibu in ihrer Falle sahen, schrien sie laut vor Freude. Mit großen scharfen Steinmessern eilten sie herzu, um den Hirsch zu töten. Doch der sprach sie mit der Stimme eines Menschen an, und sie bekamen einen solchen Schreck, daß sie sich nicht von der Stelle bewegen konnten. »Bitte, nehmt mich aus der Schlinge und häutet meinen Kopf!« bat das Karibu.

Es dauerte lange, bevor sich die jungen Männer von ihrem Schock erholt hatten. Weil aber das Karibu seine Bitte mehrere Male wiederholte, faßte sich einer der beiden ein Herz und begann, den Kopf des Tieres zu häuten. Als sie sahen, daß ein grauhaariger Alter unter dem Karibufell steckte, vollendeten sie ihre Arbeit gemeinsam und mit großer Vorsicht. Den Fremden aber nahmen sie danach mit sich nach Hause. War das eine Überraschung und Freude, als ihre Mutter in dem Gast ihren so lange verschollen gewesenen Mann erkannte! Sie hatte sich nicht wieder verheiratet, sondern jeden Tag auf seine Rückkehr gewartet. Die boshafte Schwiegermutter war schon lange tot. Und die beiden jungen Männer, die den Jäger in Karibugestalt in ihrer Schlinge gefangen hatten, waren seine eigenen Söhne. Nun war der alte Mann endlich glücklich, ein Mensch zu sein. Doch es soll auch gesagt werden, daß er nicht mehr lange lebte. Das Aufrechtgehen machte ihn krank. Zu viele Jahre war er als Vierbeiner über die Tundra gezogen.

A-pu-kee-na, der Seehundjäger

Es war einmal eine Insel, mitten in der Beringstraße. Auf ihr lebte ein großer Eskimostamm. Bei gutem Wetter paddelten die Männer mit ihren Umiaks und Kajaks auf das Meer hinaus, um Wale, Walrosse und Seehunde zu jagen. Fast alles, was die Inselleute zum Leben brauchten, gewannen sie von diesen großen Säugetieren des Meeres — das Fleisch: zum Rohessen, zum Trocknen oder zum Einfrieren, sieben Fuß tief unter der Erde im ewigen Frost — das Öl: für die Beerenspeise und für die Lampen — die Felle und Häute: für die Kleider, die Kajaks und die Sommerzelte, für Harpunenleinen und Stiefelsohlen — das Walbein: für kunstvolle Schnitzereien, für Kinderspielzeug, für Küchen-, Näh- und Jagdgeräte — die Seehundbälge: für die Jagd als Schwimmblasen.

Es gab Tage, da brachten die Jäger zwei oder drei Walrosse von der Jagd heim. Aber oft kamen sie auch mit leeren Händen. Nur einer von ihnen kehrte nie ohne ein Stück Wild in seinem Kajak auf die Insel zurück. Er hieß A-pu-kee-na. Und obwohl er noch ein junger Mann war, galt er schon als der größte Jäger des Stammes. Seine Geschwister und seine Eltern lebten im gleichen Dorfe, doch A-pu-kee-na, der Seehundjäger, wohnte in einem eigenen Iglu für sich allein.

Als es ihm schien, daß die Zeit dafür gekommen war, ging A-pu-kee-na daran, sich eine Frau zu suchen. Er stieg die Leiter zu seiner Cache hinauf und suchte einige Bündel Seehundfelle hervor. Dann bat er alle unverheirateten Frauen des Dorfes zu seinem Iglu. Er gab jeder einige Felle und sagte: »Näht euch davon eine Parka! Ich werde diejenige heiraten, deren Nadel bei der Arbeit kein Geräusch macht.«

Natürlich war jede der Frauen bemüht, die Braut des angesehenen Jägers zu werden. Jede nähte, so geschickt sie konnte. Eine holte sich sogar von ihrer Großmutter ein paar besonders lange getrocknete Sehnen. Sie zerschlug sie sorgsam mit einem besonders glatten Stein, damit die Sehnen in besonders glatte Nähfäden zerfielen. Eine andere schnitt nicht nur schwarze und weiße Pelzrestchen für die Musterkanten zurecht, sondern sie suchte sich vier verschiedene Farbschattierungen zusammen. Mit winzigen Stichen, die von rechts kein bißchen zu sehen waren, setzte sie die Fellstückchen zu einer breiten Musterkante zusammen, die sie sich geschwind neu ausdachte. Sie wollte die Kante nicht nur an den unteren Rand der Parka nähen, sondern auch als Abschluß an die langen Ärmel. Viel prächtiger als sonst üblich sollte die Kante werden, so schön, daß A-pu-kee-na bei ihrem Anblick vergessen würde, auf das Geräusch der Nadel zu achten. Doch wieder eine andere hatte ganz ähnliche Gedanken. Sie heftete sechs weiße Zobelschwänzchen, wie Eiszapfen anzusehen, in Schulterhöhe quer über das geradegeschnittene Pelzkleid.

Was sich die Frauen auch ausgedacht hatten, ob es ein doppelter Streifen Wolfsfell am Rand der angearbeiteten Kapuze war oder ein kleiner, verdeckt genähter Einschnitt am Hals, damit die Parka bequemer über den Kopf zu ziehen ging, A-pu-kee-na ließ sich vom Äußeren der Pelzkleider nicht ablenken. Er hörte jede Nadel durch die Felle gleiten. Dabei schwatzten die Mädchen viel und laut wie alle Frauen, wenn sie nähen. Besonders tratschten sie über ein Mädchen, das am Rande des Dorfes wohnen sollte. Eine der Näherinnen wollte wissen, daß jene sehr faul sei. Eine zweite fügte hinzu, daß sie ein ganz häßliches Gesicht habe. Und alle waren sich einig, daß die Nähnadel dieses Mädchens so wenig geräuschlos sei wie eine Walroßherde, die laut trompetend vor dem Schwertwal flüchtet. A-pu-kee-na hörte sich diese Reden an. Er vermochte nicht herauszufinden, weshalb alle dem abwesenden Mädchen nur Schlechtes nachsagten. Aber er stellte keine Fragen.

Zweimal war die Sonne nach jenem Wettkampf aufgegangen, da verließ A-pu-kee-na plötzlich das Jagdglück. Er paddelte, bis es dämmerte, auf dem Meer, aber er fand nicht einmal einen kleinen Seehund. Verdrießlich ließ er sich von der Flut an Land setzen, hob sein Kajak auf den Kopf und stapfte den Pfad entlang dem Dorf zu. Da gewahrte er etwas abseits einen kleinen Iglu, den er noch nie beachtet hatte. Die Neugierde ergriff ihn. Vielleicht, dachte er, ist dies gar das Zuhause jenes Mädchens, das die Frauen so verspotteten. Und er entschloß sich, zu prüfen, ob sie die Wahrheit gesprochen hatten.

A-pu-kee-na ließ sich gerade, auf die Arme gestützt, in den Eingangstunnel des Iglus hinab, da öffnete sich die Innentür, und heraus trat das allerschönste Mädchen, das A-pu-kee-na jemals gesehen hatte. Als es den Gast sah, ging es sofort in den Iglu zurück. A-pu-kee-na folgte ihr. Drinnen saß die Großmutter des Mädchens auf dem fellbedeckten Sitzplatz an der Wand. Es war eine sehr alte Frau. Aber sie schien freundlich zu sein. A-pu-kee-na erzählte den beiden von seiner Aufforderung an die unverheirateten Frauen des Dorfes. Zuletzt fragte er das Mädchen, ob es nicht auch für ihn nähen wolle. Das Mädchen senkte verlegen den Kopf, schien jedoch nicht abgeneigt, ihre Kunst zu zeigen. Da lief der junge Jäger schnell zu seinem Iglu. Schon bald kehrte er mit einigen auffallend schön gefleckten Seehundfellen zurück. Das Mädchen setzte sich nieder und begann, die gewünschte Parka zu nähen. Es zeigte sich, daß sie einen großen Vorrat sorgsam gebündelter Sehnenfäden besaß. A-pu-kee-na sah ihr zu, wie sie flink Stich an Stich fügte. Er horchte gespannt. Aber er hörte nicht das kleinste Geräusch, wenn sie die Nadel durch die Felle zog. Da freute er sich über alle Maßen. Die alte Großmutter gab ihre Einwilligung zu der Heirat, und A-pu-kee-na nahm das hübsche Mädchen noch am gleichen Abend mit in seinen Iglu.

Der Seehundjäger lebte noch nicht lange glücklich mit seinem schönen jungen Weib zusammen, als er eines Morgens weit hinaus auf das Meer paddelte, weil das Wild rar war. Es dauerte lange, bis er einen kräftigen Seehundbullen beim Atemholen entdeckte. Doch dann stieß A-pu-kee-na im richtigen Augenblick mit dem Speer zu. Sein schmales Kajak schwankte, als er die Beute hinter dem Sitz verstaute. Bis an den Rand sank das Boot ins Wasser.

A-pu-kee-na paddelte eilig zur Küste zurück. Er war noch nicht weit gekommen, als der Seehund hinter ihm plötzlich wieder lebendig wurde. Mit den kräftigen Hinterflossen schlug das Tier auf den Boden des Fellbootes, daß es zu tanzen begann. Mit den spitzen Krallen seiner Schwimmfüße aber griff es den Jäger von hinten an, zerfetzte den Rücken seiner Parka und riß ihm die Haut auf. A-pu-kee-na paddelte mit all seinen Kräften. Er mußte so schnell wie möglich die Küste erreichen, wollte er mit dem Leben davonkommen. Der Seehund in seinem Rücken jedoch schlug ihm immer neue und immer tiefere Wunden. Noch bevor das rettende Ufer in Sicht kam, war der junge Jäger tot. Aber als er starb, stieg ein Sturm aus dem Meer, und alle anderen Jäger wurden mit ihren Booten zum Land getrieben.

Am Abend versammelten sich die Männer des Dorfes wie immer im Kazhgie. Sie waren bald sehr beunruhigt und sorgten sich, weil A-pu-kee-na ausblieb. Nachdem sich der Sturm gelegt hatte, gingen sie deshalb alle zusammen hinunter an die Küste, um nach dem jungen Mann zu suchen. Sie fanden sein Kajak. Die Wogen hatten es ans Ufer getragen. Und sie fanden den Seehund in dem Boot. Er war noch am Leben. Doch der Körper A-pu-kee-nas fehlte. Als seine Mutter das Blut auf dem Boden des Kajaks sah, wußte sie sofort, welchen Tod ihr Sohn erlitten hatte. In ihrem Zorn griff sie nach dem Messer, zog dem Seehund das Fell ab und warf ihn zurück ins Meer.

Ah, wie hatte ihre schnelle Tat das Oberhaupt der Seehunde beleidigt! Um die Grausamkeit der Frau zu bestrafen, rief es eine große Flut herbei. Die Wasser stiegen höher und höher. Unaufhörlich. Bald waren der Pfad und die Iglus des Dorfes vollkommen von den Fluten bedeckt. Nur zwei Hügel ragten noch aus den Wellen. Sie wurden später Große und Kleine Diomede-Insel genannt.

Die Bewohner des Dorfes sprangen in ihre großen Familienboote und paddelten auf einen der Hügel zu. Und weil das Meer ihr altes Dorf nicht freigab, bauten sie sich auf dem Hügel neue Iglus. Auch A-pu-kee-nas Eltern und sein Weib richteten sich dort ein. Manche Dinge konnten sie aus ihrem versunkenen Heim bergen. Doch erst als ihnen eines Tages das Meer eine alte Tonne auf den Sand schwemmte, war alles wieder wie zuvor. Sie stellten die Tonne in ihrem Iglu auf und hielten sie gefüllt mit Wasser für den täglichen Bedarf. Leider fanden sie die Tonne an jedem Morgen leer, obwohl sie nicht ein winziges Loch hatte.

Eines Tages sagte deshalb A-pu-kee-nas Mutter entschlossen: »Heute nacht werde ich wachen. Ich will sehen, was es ist, das unser Wasser verschwinden macht.«

Wie immer brach die Dunkelheit ohne merklichen Übergang über das Dorf herein. Mit den Sturmlaternen in der Hand leuchteten sich die Männer aus dem Kazhgie heim. In den Iglus verklangen die lauten fröhlichen Gespräche.

Bald schlief jedermann. Nur A-pu-kee-nas Mutter wachte, versteckt in einer dunklen Ecke ihres Iglus, in der Nähe der geheimnisvollen Tonne.

Um Mitternacht hörte die Frau ein schwaches Geräusch. Unklar sah sie in der Dunkelheit einen geisterhaften jungen Mann, der nicht viel mehr war als der Schatten eines Menschen und sich durch einen Spalt im Fußboden in den Iglu zwängte. Langsam kroch der Schatten zur Tonne, zog sich zu ihrem Rand hinauf, schlürfte das Wasser geräuschlos in sich hinein, bis die Tonne leer war, ließ sich wieder hinabgleiten und verschwand durch den gleichen Spalt, durch den er gekommen war. Trotz aller Bewegungen schien die schattenhafte dünne Gestalt leblos und war über und über mit Seetang bedeckt. Aber die Mutter hatte ihren Sohn wiedererkannt.

Die Frau lief sofort zu ihrem Mann, weckte ihn und erzählte ihm, was sie gesehen hatte. Beide überlegten reiflich, wie sie den Sohn dem Leben zurückgewinnen könnten. Zuletzt entschieden sie sich, den Geist des Sohnes zu überlisten. Sie füllten die Tonne am nächsten Tag wieder bis hinauf zum Rand mit frischem Wasser. Doch rings um sie herum strichen sie Seehundöl auf den Fußboden, das alt und klebrig und zähflüssig geworden war.

In dieser Nacht wachten beide, der Vater und die Mutter. Um die Mitternacht, als kein Laut mehr vom Dorfe her zu hören war, kroch wieder der Schatten des jungen Mannes durch die Balken im Fußboden geradewegs auf die Tonne zu. Und schon klebte er in dem Seehundöl fest. Zwar versuchte er, davonzugleiten, aber er war viel zu schwach, um entwischen zu können. Die Eltern ergriffen ihn. Sie badeten ihn und legten ihn in einen neuen Fellschlafsack. Sie fütterten ihn mit nahrhaften Suppen und ausgewählten Stücken Fleisch. Die Tage gingen dahin. An jedem Abend war der Körper des jungen Mannes kräftiger und schwerer. Doch der Schlafsack vermochte ihn nicht zu erwärmen. Der wiedergefundene A-pu-kee-na blieb kalt und steif.

Da ging die Mutter zu ihrer Schwiegertochter, der sie von all dem nichts erzählt hatte. »Bitte, nähe deinem Schwiegervater eine neue Parka«, bat sie. »Bald kommen die großen Festtage und mit ihnen das Eis und der Schneesturm. — Bitte, nähe die Parka so gut und so warm du kannst.«

Die junge Frau tat, wie ihr geheißen. Sie dachte bei der Arbeit an ihren Mann, den sie verloren glaubte. Und sie nähte so liebevoll und sorgsam, als solle er es sein, der die Parka tragen würde.

Endlich kamen die Festtage heran, und alle Eskimos versammelten sich im Kazhgie, um ihre Kraft und Gewandtheit beim Ballstoßen zu messen, um zu tanzen, um Beerenspeise und gegorenes Muktuk zu essen, um zu singen und zu spielen. Die Eltern A-pu-kee-nas gingen beide zu dem Fest. Zuvor aber zogen sie mit viel Mühe die neuen Pelzkleider über die kalten, steifen Glieder des Sohnes.

Es dauerte wahrhaftig nicht lange, da begannen sich A-pu-kee-nas Wangen zu röten. Seine Hände wurden warm und geschmeidig. Wärme und Leben durchströmten den jungen Mann aufs neue. Er stand von der Schlafbank auf, atmete tief und reckte sich. Dann lief er aus dem Iglu hinaus ins Freie und folgte seinen Eltern ins Dorf, wie sie es ihn geheißen hatten. Als er in den Kazhgie trat, wo schon alle versammelt waren, schrie gleich einer: »Seht! Seht! Dort kommt A-pu-kee-na, den der Seehund tötete!« Und ein anderer rief: »Er ist es! Er, der ertrunken ist!« Doch niemand konnte die Freude beschreiben, die A-pu-kee-nas Weib überfiel, als ihr totgeglaubter Mann plötzlich vor ihr stand.

So wurde A-pu-kee-na wieder der größte Jäger seines Stammes, und seine Geschichte war bald im ganzen Lande bekannt.

Oo-veva-meak und der Geist des toten Mannes

In der alten Zeit hatten die Angakoks große Macht über die einfachen Menschen. Manch einer von ihnen war angesehener als ein Dorfältester. Doch um ein Angakok zu werden, galt es zuerst, einen helfenden Geist zu finden, der bereit war, die Bitten seines Beschwörers zu erfüllen. Dann mußte erwogen werden, wie dieser helfende Geist gebannt werden konnte, wenn immer es nötig war. Die meisten Angakoks sangen und schlugen dazu im Takt ihre Zaubertrommel, bis sie vor Verzückung alles ringsum vergaßen. In ihrem Wahn betraten sie dann dank ihrer Einbildungskraft die Geisterwelt und erfuhren Dinge, die kein einfacher Eskimo hätte herausfinden können.

In dem Eskimodorf Kingen ging vor vielen Jahren ein junger Mann im Winter hinaus auf das Meereis, um Seehunde an ihrem Atemloch zu jagen. Der junge Mann kehrte nicht ins Dorf zurück. Die Zeit verging. Der Schnee sank stumpf und naß in sich zusammen. Die Sonne stieg jeden Tag ein Stück höher über den Horizont. Das Eis trieb fort, und der Sommer kam. Aber der junge Mann kehrte nicht zurück. Da wußten die Leute, daß er tot war.

Im Herbst gingen die Männer daran, Seehunde für den Wintervorrat mit Netzen zu fangen. Aber ein großer Sturm kam auf, riß die Netze von ihren Verankerungen los und trieb sie fort ins Meer. Als sich der Sturm gelegt hatte, paddelten die Männer mit ihren schnellen kleinen Booten aufs Meer hinaus oder liefen suchend die Ufer entlang. Sie hofften sehr, ihre verlorenen Netze wiederzufinden.

Einer der Männer hieß Oo-veva-meak. Er geriet bei der Suche weiter vom Dorfe fort als je zuvor. Sein Netz fand er nicht. Doch als er gerade wieder umkehren wollte, sah er einen Mann, der sich mühte, einen ausgewachsenen Seehund aus dem Wasser zu ziehen. Nun kann ein Mann allein nicht einen so großen Seehund bewältigen. Oo-veva-meak lief deshalb hin, um dem Gefährten zur Hand zu gehen. Der Mann war so beschäftigt, daß er den unerwarteten Helfer nicht näher kommen sah. Es ist schwer zu sagen, wessen Überraschung größer war, als sie sich gegenseitig ins Gesicht blickten; denn der Mann war kein anderer als der Geist des jungen Jägers, der im vorangegangenen Winter auf dem Eis ums Leben gekommen war.

Der Geist richtete sich auf und sagte: »Hole einen Schlitten und bringe ihn zu mir!«

Oo-veva-meak gehorchte. Er brachte den Schlitten, und die beiden Männer hoben gemeinsam den großen Seehund darauf.

»Nun«, sagte der Geist, »nimm ihn! Ziehe ihn nach Hause in

dein Dorf. Aber erzähle niemandem, daß du mich gesehen hast!«

»Ich werde nichts sagen. Nicht einmal, wenn mich jemand fragen sollte.«

So schieden die beiden Männer voneinander.

Einige Zeit später ging Oo-veva-meak jagen.

Wieder führte ihn sein Weg zufällig in jene Gegend, in der sich der Geist gern aufhielt. Und diesmal schien dieser Oo-veva-meaks Gesellschaft sogar zu suchen. Er sagte: »Laß uns zu mir gehen!«

»Gut«, antwortete der Jäger. »Ich würde gern sehen, wie du jetzt lebst.«

Der Geist führte Oo-veva-meak über wegloses Geröll und gebleichtes Schwemmholz landeinwärts zu einer Höhle unter einem erdbedeckten Gletscher. Dort war seine Wohnung. Der Jäger blickte sich neugierig, aber unauffällig um. Er sah gefrorenes Fleisch von Bären, Karibus, Seehunden, Walrossen und Walen.

Er sah Felle von Füchsen, Wölfen und vielen anderen Tieren. Am meisten interessierten ihn die Seehundnetze, die an den felsigen Wänden der Höhle zum Trocknen aufgehängt waren. Wenn er die den Jägern seines Stammes zurückbringen könnte! Als ihn sein Gastgeber verabschiedet hatte, ging Oo-veva-meak, tief in Gedanken versunken, zum Dorf zurück. Er sagte niemandem, was er gesehen hatte. Mehrere Tage verließ er seinen Iglu nicht. Die Leute munkelten, daß ihm irgend etwas großen Kummer bereite. Selbst seine Frau wußte nicht, was sie von seinem Verhalten denken sollte. Oo-veva-meak hingegen befand sich in bester Stimmung. Er hatte nur beschlossen, ein Angakok zu werden. Er bog sich einen langen Holzspan zu einem runden Rahmen zurecht und spannte die getrocknete Blase eines Walrosses darüber. Die Blasenhaut feuchtete er gut an. Und als er lange gesucht und endlich einen

passenden dünnen Hartholzstab gefunden hatte, war die Zaubertrommel vollständig. Er hob sie hoch über seinen Kopf und begann sie langsam zu schlagen. Zuerst leise sang er dazu ein ganz neues, beschwörendes Lied. Die Trommel dröhnte dumpf und herausfordernd, schneller, immer schneller. Dann aber lief Oo-veva-meak, nachdem er sich vergewissert hatte, daß ihm niemand folgte, geradewegs hin zu der Höhlenwohnung des Geistes.

Der Geist stand am Eingang der Höhle. Um seinen Körper wand sich eine dicke Seeschlange.

»Ich bin einmal dein Gast gewesen«, sagte der Jäger. »Nun möchte ich dich bitten, mit zu meinem Heim zu kommen.«

Der Geist antwortete nicht.

Oo-veva-meak trat vorsichtig einen Schritt näher. »Laß uns zu meinem Iglu gehen!« wiederholte er. Aber wieder bekam er keine Antwort. Der Jäger trug seine Bitte ein drittes Mal vor. Diesmal nickte der Geist zustimmend.

Als sich die beiden Männer dem Dorfe näherten, wurde der Boden unter Oo-veva-meaks Füßen plötzlich weicher und weicher, bis er sich in einen See aus Schlamm verwandelt hatte. Oo-veva-meak versank darin bis zu den Knien. Und je näher sie den Iglus kamen, um so tiefer wurde der Schlamm. Der Jäger bangte, daß er völlig versinken werde. Aber erst als es ihm unmöglich war, noch einen Schritt weiterzugehen, rief er den Geist um Hilfe an.

Der grinste zufrieden und blies nur kurz seinen Atem in Richtung des Jägers. Sogleich standen die beiden Männer wieder auf fester, trockener Erde.

Oo-veva-meak wußte noch nicht, daß er für jeden Dienst, den ihm der Geist erwies, bezahlen mußte. Diesmal war der Preis ein großer schwarzer Fleck, wie Schlamm anzusehen, der auf seiner Wange zum Vorschein kam und nie mehr verschwand. So betraten die beiden Männer das Dorf. Für alle außer Oo-veva-meak war der Geist unsichtbar. Er pfiff jedoch laut vor sich hin, als er sich des Jägers Iglu besah. Die Leute im Dorf hörten das Pfeifen. Aber sie dachten, es sei der Wind, und achteten nicht weiter darauf.

So fand Oo-veva-meak seinen helfenden Geist, der ihn zum Angakok machte. Er wurde sehr schnell reich bei diesem Geschäft, denn er ließ sich jede seiner Zaubereien gut bezahlen. Aber nach jeder Bitte, die ihm sein helfender Geist gewährte, kam ein neuer schwarzer Fleck auf seiner Haut zum Vorschein. Und bald war der Tag heran, an dem der schwarze Schlamm des Geistes auch des Jägers Gedanken zu verfinstern begann. Oo-veva-meak wurde grausam und listig.

Er nutzte seine Zauberkraft nur noch für seine eigenen Zwecke. Seine Familie begann ihn ob seiner Herzlosigkeit zu hassen. Sie vermochte seine Tyrannei nicht länger zu ertragen.

Eines Abends lauerten ihm die Männer des Dorfes im Eingangstunnel des Kazhgie auf. Sie beendeten sein Leben. Seinen Körper aber verbrannten sie, so daß sie sicher sein konnten, daß er nie mehr zurückkehrte.

Der Tanz der gefleckten Seehunde

Es war einmal mitten im Sommer, da zogen die Leute des Eskimostammes, bei denen sich Meister Rabe gerade aufhielt, mit ihren Hunden und den schwerbeladenen Booten an der Küste entlang zum Tausch in die Handelsniederlassung. Bald waren alle fetten und mageren Happen, die auf dem Schlachtplatz am Meer und neben den Caches zurückgeblieben waren, verspeist. Eines Morgens wachte Meister Rabe so hungrig auf, daß er sich nicht erst die Zeit nahm, seine schwarze Federparka glattzuzupfen. Kaum hatte er sich den Schlaf aus dem Gefieder geschüttelt, breitete er die Flügel aus und strich ab, landeinwärts über die baumlose Tundra, um ein verendetes Stück Wild zu suchen. Viele Stunden flog und hüpfte er umher, ohne etwas Eßbares zu finden. Nicht ein Stück ihrer Beute hatten ihm die Bären und Füchse liegenlassen. Da flog Meister Rabe auf einen Hügel, von wo aus er nach allen Seiten ins Land sehen konnte. Weit und breit war nicht das kleinste Stück Aas in Sicht. Nur einen kleinen Iglu entdeckte er in einiger Entfernung. Auf dem Pfad davor war kein Mensch zu sehen.

Meister Rabe flog hin, hüpfte auf das grasbewachsene Dach, hackte mit dem Schnabel ein winziges Loch in das Fenster aus Seehunddarm und guckte neugierig hindurch. Drinnen in dem Iglu war auch niemand. Aber auf der Kochstelle brannte die Öl-Lampe, und über ihr hing ein Kessel mit Fleisch vom Hudsonhörnchen. Die Suppe kochte und schmatzte leise und roch ganz wundervoll. Meister Rabe war so hungrig, daß er kurzerhand in den Iglu schlüpfte und sich selbst zu einer Mahlzeit verhalf. Er aß und aß, bis sein Magen so voll war, daß er kein Stückchen Fleisch mehr hinunterwürgen konnte. Zufrieden plusterte er sich auf und steckte den Kopf in die Federn, um seinen Verdauungsschlaf zu halten.

Während Meister Rabe schlief, kam der Eigentümer des Iglus von der Jagd zurück. Als er die offene Tür sah, rief er: »Oh! Irgend jemand ist von irgendwoher gekommen!« Erwartungsvoll schlüpfte er in den Iglu, und Meister Rabe erwachte darüber.

»Bin ich aber hungrig!« sagte der Mann zu seinem gefiederten Gast. »Komm, setz dich zu mir, und nimm dir von dem Fleisch!«

»O nein, danke!« krächzte Meister Rabe; denn nun, satt gegessen, war es ihm peinlich, daß er sich in einem fremden Iglu so ungehörig bedient hatte. »Ich habe lange Zeit kein Fleisch gegessen. Mein Magen macht mir Beschwerden. Vielleicht schrumpft er. Ja, das wird es sein, weshalb ich kein Fleisch essen kann!«

Der Jäger setzte sich also allein nieder und aß seine Abendmahlzeit. Als er satt war, stellte er seine hölzerne Eßschüssel zur Seite und begann, die Hudsonhörnchen, die er erbeutet hatte, zu häuten.

Meister Rabe hüpfte dabei immerzu um ihn herum. Aufmerksam beäugte er jeden seiner Handgriffe.

»Geh fort!« rief der Mann ärgerlich. »Du stolperst noch über deine acht Füße!«

»Ich habe zwei Füße wie ein Mensch!« sagte Meister Rabe. »Laß uns Freunde sein, laß uns zusammen leben!«

Der Jäger mußte sich eingestehen, daß er sehr einsam war. Und so erklärte er sich bereit, Meister Rabe einen Winkel in seinem Iglu zu überlassen.

Tag für Tag ging der Jäger am frühen Morgen auf dem Pfad, der in die Tundra führte, davon, um seine Fallen aufzustellen. Des Abends brachte er den Fang heim und zog den erbeuteten Hudsonhörnchen das Fell ab. Meister Rabe tat nichts bei alledem. Er hockte herum, freute sich seines Lebens und achtete darauf, daß er keine Mahlzeit verpaßte. Der Jäger fand, daß bei dieser Art des Zusammenlebens die Lasten etwas einseitig verteilt waren. Eines Abends sprach er mit Meister Rabe darüber.

»Was meinst du, wie viele Felle vom Hudsonhörnchen ich brauche, um das Robbenöl und das Muktuk für dich einzutauschen, wenn die Inselleute herüberkommen?«

»Und weshalb gehst du nicht hinunter zur Küste und jagst selbst Seehunde?«

»Ich besitze kein Kajak! Oder soll ich das Bootsgerippe mit deinem Balg überziehen?«

»Sei nicht ärgerlich, mein Freund«, beschwichtigte ihn der große schwarze Vogel. »Besorge mir etwas alten, zähen Tran und eine gute, kräftige Keule!«

Der Jäger brachte Meister Rabe den Waltran und die Keule. »Und nun, mein Freund, bitte ich dich, die gefleckten Seehunde zu einem Tanz einzuladen.«

Der Jäger wunderte sich wohl, aber er fragte nichts. Er ging hinunter zum Meer und lud die Seehunde ein, zu einem Tanz zu seinem Iglu heraufzukommen.

So ein Seehund mit seinen zu Flossen gewordenen Beinen ist auf dem Lande recht unbeholfen. Alles an ihm ist dem Leben im Wasser angepaßt. Auch seine runden Augen sehen nur unter Wasser scharf und genau; auf dem Lande sind sie halb blind. Dabei lauern gerade an Land überall Gefahren auf ihn, denn dort lebt der Mensch. Wozu sollte also ein Tanz bei einem Hudsonhörnchenjäger für die Seehunde gut sein! Aber begierig auf das Vergnügen, humpelten einige leichtsinnige junge Bullen schwerfällig den schmalen Pfad hinauf zum Iglu des Jägers.

Als Meister Rabe die fetten, dunkel gefleckten Seehunde sah, war er sehr zufrieden. Er hieß sie, sich sogleich in einer Reihe für den großen Tanz aufzustellen. »Aber zuvor kommt noch eine Überraschung!« kündigte er an.

Die Seehunde horchten neugierig auf.

»Jeder schließe seine Augen!« befahl Meister Rabe.

Die dummen Seehunde gehorchten.

»Und daß sie mir keiner öffnet, bevor ich dazu auffordere.« Die Seehunde drückten die Augen fest zu. Der Rabe aber nahm den zähen Tran und verklebte ihnen damit, eins, zwei, drei, die Augenlider. Dann reichte er dem Jäger die Keule, und der erlegte alle Seehunde, einen nach dem anderen. Keiner entkam. Denn keiner vermochte seine Augen zu öffnen, um zu sehen, was mit ihm geschah.

»Und du, mein Freund«, sagte Meister Rabe, als der reiche Fang zerlegt und gehäutet vor ihnen lag, »ziehe daraus den Schluß: Ich bin zwar kein Jäger wie du, aber ich habe einen Kopf. Und mit dem habe ich besser für Fleisch und Tran gesorgt als du mit deinen Händen!«

Wik-ki-kee-kee- ya-ka-kak

Vor langer Zeit, als die Eskimos noch die großen Blasenfeste feierten, vertanzten sie während des unerbittlichen Winters viele Nächte im Kazhgie. In einem bewaldeten Flußtal am Fuße der langen Berge lebte ein Stamm Eskimos, die tanzten fünf Tage hintereinander Nacht für Nacht. In einer solchen Nacht nun, während alle Leute des Dorfes den dritten Tag schon im Kazhgie fröhlich waren, stahl jemand den steinernen

Seehundölbehälter aus der Sturmlampe eines Pelztierjägers. Der Mann wußte sofort, daß der Dieb nur ein Fremder gewesen sein konnte. Zusammen mit den Dorfbewohnern ersann er einen Plan, wie sie den Spitzbuben ertappen könnten. Am Abend ging der Tanz im Kazhgie weiter, als wäre nichts geschehen. Aber überall im Dorfe waren Wächter verteilt.

Es war in der Mitte der Nacht, da hörte einer der Wächter plötzlich leise dünne Stimmchen. Gleich darauf öffnete sich die Falltür seines Iglus, und herein sprangen zwei Zwerge. Der Wächter trat schnell aus seinem Versteck und verriegelte die Tür. Da waren die beiden kleinen Männer gefangen.

Im Kazhgie rann den Trommlern derweil schon der Schweiß von der Stirn. Ihre Kehlen wurden rauh vom Gesang, den sie einstimmig zum Takt der Trommeln vortrugen. Viele Jagderlebnisse waren schon getanzt: wie ein Seehundjäger die Harpune in einen zweiköpfigen Wal stößt, wie ein ganz kleiner Mann einen ganz großen Eisbären erlegt und wie ein weißhaariger Alter einem Schneehuhn im vollen Fluge eine Feder ausreißt. Geduldig warteten die Frauen, daß sie zeigen durften, wofür sie sich mit ihren schönsten Pelzkleidern herausgeputzt hatten. Doch der große Wolfstanz war noch nicht zu Ende. Er erzählte eine lange Geschichte. Die Männer, die ihn tanzten, hatten sich hölzerne Masken vor die Gesichter gebunden, bunt bemalt und vor Stunden erst geschnitzt. Die Maske des Wettergottes war besonders wild und unheimlich. Auf und ab wogten die grellbunten Gesichter. Im Takt der Trommelschläge stampften die Tänzer den Fußboden. Sie warfen die Arme in die Höhe und ließen sie sinken. Sie bogen den Kopf weit nach hinten und senkten ihn gleich darauf tief auf die Füße. Ihr ganzer Körper bewegte sich im Tanz auf ungewöhnliche Weise.

Als sich die Frauen und Mädchen in einer langen Reihe zum Banktanz zurechtgesetzt hatten, als sie eben begannen, sich im Rhythmus der Melodie und des Trommelklanges zu bewegen, trat der Wächter mit seinem wunderlichen Fang in den Kazhgie.

Die Zwerge wurden von jedermann genau betrachtet. Die Männer, die Frauen und die Kinder drängten sich neugierig um diese Bewohner einer fremden, unbekannten Welt. Keiner faßte die beiden derb an oder sprach grobe Worte zu ihnen. Sogar der Jäger, dem die Zwerge das Öl gestohlen hatten, vergaß seinen Groll.

Doch als er fand, daß die Kleinen genügend bestaunt worden waren, sagte er: »Und nun zeigt uns, wie man in eurem Lande tanzt!«

Die Zwerge, die scheinbar ganz lustig und nicht ein bißchen um ihr Schicksal besorgt waren, begannen sogleich zu tanzen und zu singen: »Hoo-way, hoo-way! Wik-ki-kee-kee, wik-ki-kee-kee- ya-ka-ka- ya-ka-kak!«

Ihr Tanz war mehr ein Hüpfen auf einer Stelle, als wollten sie Ballstoßen spielen.

Die Eskimos freuten sich sehr über die ungewöhnliche Darbietung. Sie nickten sich gegenseitig zu. Sie stampften den Takt des fremden Liedes mit den Füßen. Sie lachten zufrieden. Und keiner von ihnen bemerkte, daß die Zwerge mit jedem Hüpfer höher und höher zum Dach des Kazhgies gelangten.

Auf einmal sprangen die Zwerge mit aller Kraft in die Höhe und segelten durch den offenen Entlüfter aus dem Männerhaus auf und davon.

Die Eskimos rannten, so schnell sie konnten, hinaus. Hoch oben in der Luft konnten sie die Zwerge noch sehen. Doch sie wurden kleiner und kleiner. Sie kehrten in ihr eigenes Land zurück. Und obwohl sie auf diese Weise ihrer Bestrafung entronnen waren, kehrten sie doch niemals wieder zurück, um von den Eskimos Öl zu stehlen.

Der Zauber der flammenden Nacht

Vater vor Vater vor Vater lebte an der Mündung des mächtigen Yukon-Flusses ein junger Eskimo namens E-zum-moll-oo-koon mit seinem Onkel, einem Angakok. Der Onkel war ein großer Angakok. Zehn Zobelschwänze trug er, auf eine Schnur gezogen, um die Schultern! Er schaffte abgetriebene Paddel wieder herbei. Er bannte schlimme Krankheiten. Er lockte mit seinen helfenden Geistern die Walrosse an die Küste. Er schnitzte Elfenbeinfigürchen, besprach sie, damit sie Jagdglück brachten, und verkaufte sie bei Bedarf an die Jäger seines Dorfes. Natürlich mußte er seinen helfenden Geistern für ihre Dienste Opfer bringen. Sehr viele Opfer sogar. Und es blieb ihm bei all dem keine Zeit, selbst zur Jagd zu gehen. Der Angakok war trotzdem reich. Die Leute seines Dorfes versorgten ihn und seinen Neffen reichlich mit allem, was er für das Leben benötigte.

Als E-zum-moll-oo-koon alt genug war, wollte ihn der Onkel verheiraten. Doch der junge Mann brachte es nicht fertig, eines der Mädchen des Stammes zu fragen, ob es seine Frau werden wollte. Sein Onkel wandte alle möglichen Zauber an; keiner zeigte eine Wirkung. Jedesmal, wenn der junge Mann nach vielen Umständen endlich einem Mädchen gegenüberstand, wußte er nicht mehr, was er sagen sollte. So blieb er unverheiratet.

Eines Tages starb der Angakok plötzlich. Er wanderte geradewegs in den Himmel, ins Land der Väter, und nahm alles mit sich, was ihm gehörte. E-zum-moll-oo-koon blieb allein in dem leeren Iglu zurück. Da er weder das Jagen noch das Fischen gelernt hatte, mußte er sicherlich verhungern. Es sei denn, er heiratete und lebte mit den Eltern seines Weibes. Also machte sich der junge Mann auf, eine Frau zu suchen. Die Not, in die er geraten war, zwang ihm die nötigen Worte in den Mund. Die Leute des Dorfes hatten aber inzwischen vom Tode des Angakoks gehört. Sie hatten nicht nur erfahren, daß E-zum-moll-oo-koon arm geworden war, sondern sie wußten auch sehr gut, daß er nicht einmal jagen und arbeiten konnte. So wollte ihn keines der Mädchen zum Ehemann nehmen.

Einige Monate später sahen die Leute ein sehr schönes Kajak von der See her auf ihre Küste zukommen. Je näher es kam, um so deutlicher hörten sie den Insassen des Bootes singen und die Trommel dazu schlagen. Das Boot glitt ohne einen Paddelschlag unaufhaltsam vorwärts. Es bog nicht in die Flußmündung ein, sondern lief nicht weit weg davon auf den steinernen Strand der Küste. Ein Mann stieg aus und zog das Kajak an Land. Es war der Angakok! Er ging schweigend, ohne sich umzusehen, auf seinen Iglu zu. Dort fand er seinen Neffen, allein und hungrig.

Lange redeten Onkel und Neffe leise miteinander. Dann sagten sie sich feierlich Lebewohl. Der Onkel ging zum Strand zurück, stieß mit seinem Kajak vom Ufer ab, und das Boot glitt lautlos hinaus auf die See.

An diesem Abend hörten die Leute des Dorfes E-zum-moll-oo-koon singen. Er hatte sich von einem Balken von der Decke des Iglus einen langen Span abgesplittert. Damit schlug er nun den Takt zu seinem Gesang an das Fenster aus Walroßdarm im Dach des Iglus. Er sang, so laut er konnte. »Wa-ha-ha-ha! Wa-ha-ha-ha!« Dann zog er eine alte zerfetzte Kaninchenfell-Parka an, die einzige, die der Onkel nach seinem Tode zurückgelassen hatte. »Wa-ha-ha-ha! Dies soll eine getüpfelte Hirschfell-Parka sein! Wa-ha-ha-ha! Ah, wie schön sie ist!«

Die Leute in ihren Iglus lauschten verwundert dem sonderbaren nächtlichen Gesang. Sollte der Angakok dem Neffen einen helfenden Geist zurückgelassen haben? War die Zauberkraft des Onkels auf den jungen Mann übergegangen? Der Gesang ging weiter. »Wa-ha-ha-ha! Diese Hose soll aus Rentierhaut sein. Ingitschi, ingitschi — ach, ist sie schön.«

Als E-zum-moll-oo-koon vollkommen angezogen war, ging er den Pfad zum Fluß hinunter, um nach seinem Spiegelbild auf dem Wasser zu sehen. Vom nördlichen Himmel schossen spitze Lichtzungen gelb und rot in den nachtdunklen Himmel, breiteten sich aus gleich wehenden welligen Vorhängen. Der junge Mann sah sein Bild im rötlich überhauchten Glanz des Wasserspiegels. Ja, so war es richtig! So sah er aus wie ein reicher Mann. Und er entschloß sich, auf der Stelle über den Fluß zu setzen, wo jenes Mädchen wohnte, das ihm als letzte abgeschlagen hatte, seine Frau zu werden. Er stieg in einen langen hölzernen Bottich; denn er besaß nicht einmal ein Kajak, nahm eine Schneeschaufel als Paddel und überquerte so den Fluß.

Die Nacht flammte bunter und zauberhafter als je zuvor. Wie ein riesenhafter Regenbogen schwangen sich leuchtende Strahlenbündel empor. In diesem Augenblick landete der junge Mann. Das Mädchen sah ihn kommen. Es schien ihr, daß er eine ausgesucht schöne, getüpfelte Hirschfell-Parka mit einer wunderbaren Wolfsfellkapuze trug, genauso schön, wie er sie besungen hatte. Beglückt dachte sie, daß er wohl wirklich wieder reich geworden war.

E-zum-moll-oo-koon näherte sich der jungen Frau. Er fragte sie leise: »Willst du mich heiraten?« Diesmal nickte sie. Grüne und violette Lichtbahnen schienen auf sie herabzufallen — lautlos und geheimnisvoll. Das Mädchen erschauerte.

»Dann komm mit zu meinem Iglu!« forderte E-zum-moll-oo-koon. Das Mädchen stimmte zu. Zusammen gingen sie zu seinem Boot. Das Mädchen stieg zuerst ein. Der junge Mann wählte seinen Platz vor ihr und paddelte los.

Mit dem ersten Schlag begann die Schaufel zu flüstern: »E-zum-moll-oo-koons Paddel ist nur eine Schneeschaufel. E-zum-moll-oo-koons Kajak ist nur ein alter hölzerner Bottich!«

Unentwegt flüsterte es die Schaufel. Einen Atemzug lang versank das Licht des Nordens zuckend hinter dem Horizont. Die junge Frau schrak auf wie aus einem Traum. Sie sah die Schaufel, den Bottich und den schlecht gekleideten Mann, und sie sah, daß sie getäuscht worden war. Angestrengt dachte sie nach. Dann riß sie ein langes Band aus Vielfraßleder von ihrer Parka. Das knüpfte sie mit einem Ende an den Bottich und mit dem anderen an E-zum-moll-oo-koons Pelzkleid. Gleich darauf rief sie: »E-zum-moll-oo-koon! Ich werde seekrank! Bitte paddle zurück und laß mich meine Füße nur einen Augenblick auf festen Grund setzen!«

Der junge Mann mißtraute ihr ein wenig: »Warte, bis wir den Fluß überquert haben!«

Die Frau bat ihn ganz flehentlich, wenigstens für einen ganz kleinen Augenblick zurückzupaddeln, der Fluß sei doch so breit hier an der Mündung. Er schlug es ihr wiederum ab.

»So werde ich sterben, bevor wir am anderen Ufer angekommen sind!« sagte sie da, und ihre Stimme klang so matt, daß E-zum-moll-oo-koon erschrak und sein Fahrzeug schnell wendete.

Kaum war das Boot am Ufer aufgelaufen, sprang das Mädchen heraus und lief, so schnell es konnte, zum Iglu der Eltern.

Als E-zum-moll-oo-koon sah, daß ihn seine Braut verlassen wollte, sprang er ebenfalls aus dem Boot, um sie zurückzuholen. Aber das kräftige Vielfraßband hielt ihn fest. Halb verzweifelt, halb wütend wollte er sich mit aller Kraft losreißen. Aber statt des Bandes ging sein hölzerner Bottich entzwei.

Die junge Frau erreichte wohlbehalten ihr Zuhause. E-zum-moll-oo-koon aber mußte über den Fluß zurückschwimmen, so arm wie zuvor, trotz der klugen Pläne seines Onkels und der alles verzaubernden Schönheit des Nordlichts.

Die Abenteuer des A-sa-ruk

Der Kobuk ist ein großer Fluß im Norden Alaskas. Er entspringt an einem 3 000 Meter hohen Berg inmitten einer langen Gebirgskette, die sich quer durch Alaska erstreckt. Der Kobuk fließt westwärts an ihr entlang und stößt gleich einer Hand mit fünf gespreizten Fingern am Ende seines Weges in das Nordpolarmeer. An den Ufern des Kobuk dehnen sich noch dichte Wälder. Doch dahinter, nach Norden zu, beginnt das riesige Gebiet der kahlen Felsen und der sumpfigen Tundren, in denen nur Flechten und Moose wachsen, Beerengesträuch und niedrige Weiden.

Vor vielen Jahren siedelten die Eskimos nicht nur am unteren Lauf des Flusses. Auch an seiner Quelle lebte eine einzelne Familie. Doch weil die Quelle des Kobuk in den Bergen so weit weg war von seiner Mündung in der Kotzebue-Bucht, hatten diese Eskimos noch nie einen fremden Menschen zu Gesicht bekommen.

Die Mutter und der Vater jener Familie hatten nichts Gutes erfahren, als sie nach anderen Menschen suchten. Ihr einziger Sohn war in ein Kajak gestiegen, den Fluß hinuntergefahren und nicht wieder zurückgekehrt. Seitdem lebten die beiden Alten allein. Sie glaubten schon, daß sie nicht mehr viel vom Leben zu erwarten hätten, da gebar die Frau noch einmal einen kleinen Jungen. Nun waren Mutter und Vater nicht mehr einsam, und sie fühlten sich sehr glücklich. Die Frau fütterte das Baby als erstes mit ein wenig Aukootook, einer Eiskrem, die sie auf geheimnisvolle Art zubereitet hatte. Der Mann legte auf das Köpfchen des Kindes einen Kopfschmuck aus Hermelin. Und als der Morgen kam, gab er seinem neugeborenen Sohn den Namen A-sa-ruk.

Schnell vergingen glückliche Jahre. Aus dem Kind wurde ein

kräftiger Knabe. Da schnitzte der Vater dem Jungen einen Speer aus Rottanne, dem er einen Knochensplitter vom Schulterblatt eines Karibus als Spitze anpaßte. Damit schickte er den Sohn zur Jagd. A-sa-ruk kehrte mit einem Schneehuhn zurück. Als der Vater sah, daß der Sohn nur ein Schneehuhn erlegt hatte, war er froh. Er dankte der Erde, weil sein Sohn noch kein Mann war.

Sommer und Winter schwanden dahin. Wieder schickte der Vater seinen Sohn zur Jagd. Diesmal kehrte A-sa-ruk mit einem Kaninchen zurück. Da wußte der alte Mann, daß sein Sohn noch immer ein Knabe war, und er gab der Erde den ihr gebührenden Dank.

Immer öfter mußte der Vater an seinen ersten Sohn denken, wenn er sah, wie A-sa-ruk heranwuchs. Voll Unruhe schickte er ihn ein drittes Mal zur Jagd. Als der Sohn diesmal heimkehrte, trug er ein Karibu auf dem Rücken. Er war ein Mann geworden. Er erlegte von diesem Tage an viele Karibus. Der alte Mann aber dankte der Erde nicht, sondern wurde trauriger von Tag zu Tag.

Nicht lange danach kam der junge Jäger zu seinem Vater. »Vater, bau mir ein Kajak!«

Das war es, was der Alte so lange erwartet und gefürchtet hatte. Zunächst dachte er sich ein paar Ausreden aus. Sie befriedigten den jungen Mann auch eine Weile. Aber es ging nicht lange. Da baute der Vater das Kajak. Auch ein paar Speere schnitzte er dem Sohn noch für die Reise. Die alte Mutter indessen bereitete ein wenig Eiskrem zum Mitnehmen. Sie war von der gleichen Beschaffenheit wie jene, mit der sie den Säugling zuerst gefüttert hatte.

Traurig standen die alten Eltern am Ufer des schmalen schnellen Kobuk, als A-sa-ruk sie verließ, genauso, wie es sein Bruder vor ihm getan hatte. Sie sahen dem Boot lange nach, das mit A-sa-ruk stromabwärts glitt. Der Kopfschmuck, den ihm der Vater dereinst gegeben hatte, schimmerte weiß auf seinem dunklen Haar. Wohlverpackt steckte die von der Mutter bereitete Eiskrem in seinem neuen Beutel aus Vogelhaut. Und die beiden Alten hofften sehr, daß der Sohn damit gut gerüstet sei für alles, was ihm auf der Reise widerfahren würde.

A-sa-ruk war noch nicht weit gepaddelt, da sah er einen kleinen Iglu neben dem Fluß. Eine Frau saß ein Stück davon entfernt auf einem Stein und schabte die Haare von einem Karibufell. A-sa-ruk freute sich sehr, endlich auf Menschen zu treffen. Er paddelte zum Ufer, stieg aus dem Kajak und lief den steinigen Pfad hinauf. Erstaunt sah er neben dem Iglu ein Kajak liegen, haargenau wie sein eigenes gebaut, nur war es alt und zerbrochen. Aufmerksam besah er sich eine der geschnitzten Rippen. Da legte die Frau ihr Schabegerät zur Seite und lief eilig in den Iglu. Das sah so verdächtig aus, daß der junge Mann seinen Vogelhautbeutel von der Schulter nahm und das Aukootook hervorholte. Die Eiskrem schmeckte gallebitter. »Eeh! Hier ist Gefahr!« sagte da A-sa-ruk zu sich selber. Zwar war er kein Feigling, aber er dachte an seine Eltern. Er ging zurück zu seinem Kajak, stieg ein, und die Wasser des Kobuk trugen ihn weiter flußab.

Am Nachmittag sah A-sa-ruk wieder einen Iglu in der Nähe des Flusses. Er holte das Aukootook aus dem Beutel. Es schmeckte bitter wie zuvor! Da paddelte der junge Mann weiter, nachdem er sich das Kajak angesehen hatte, das auch neben diesem Iglu lag und zerfiel.

A-sa-ruk war kaum einige Meilen vorangekommen, da entdeckte er den nächsten Iglu. Doch das Aukootook warnte ihn wieder vor Gefahr. A-sa-ruk sprang auf das Ufer. Niemand war weit und breit zu sehen. Der Iglu war leer und offenbar seit langem verlassen. An seiner Längsseite lag ein zerbrochenes Kajak auf der Erde. Es war geradeso wie das seine gebaut. Da begann der junge Mann zu ahnen, weshalb sein Bruder nicht in den Iglu der Eltern an der Quelle des Flusses zurückgekehrt war. Ein mächtiger Angakok mußte die Ufer des Kobuk verzaubert und seinen Bruder überlistet haben.

Tief in Gedanken versunken, glitt A-sa-ruk in seinem Boot den Fluß hinab. Plötzlich sah er in einer Erle, nicht weit weg vom Ufer, etwas hängen. Er konnte vom Boot aus nicht erkennen, was es war. Also stieg er aus und ging neugierig auf den Baum zu. Das runde Ding sah weich und flaumig aus und glänzte wie die der Sonne. A-sa-ruk langte mit seinem Stechpaddel hinauf und stieß es leicht an. Sogleich klebte er an dem hübschen Ding fest. Es hielt das Paddel, und das Paddel hielt ihn, so daß er nicht davon loskam. Es dauerte nicht lange, da hörte er Schritte. Schnell legte er sich auf den Boden und tat, als sei er tot. Die Schritte kamen näher und näher. Schließlich trat ein kräftiger Mann aus dem Gebüsch. Als er A-sa-ruk auf dem Boden liegen sah, dachte er, der Gefangene sei im Hinstürzen gestorben. Er dankte seiner Falle, daß sie den jungen Mann so gut festgehalten hatte. Dann hob er ihn auf seinen Rücken und trug ihn fort. Das Paddel löste sich von der Falle und glitt auch aus A-sa-ruks Hand.

Als der Mann seinem Iglu nahe war, sprangen ihm zwei kleine Jungen entgegen. Sie bewunderten ihren Vater und freuten sich, daß er den Fremden überlistet hatte. Der Mann legte seine Last auf die Bank im Iglu. Gleich daneben stand die Seehundöl-Lampe. Und über der Lampe hing ein großes Messer. Der Mann betastete die Schneide des Messers mit dem Daumen. Dann setzte er sich nieder, um ein wenig auszuruhen. Aber bald übermannte ihn ein fester Schlaf. A-sa-ruk wagte dennoch nicht, sich zu bewegen; denn im Eingangstunnel spielten die zwei Jungen. Als sie sich müde getollt hatten und sahen, daß der Vater schlief, krochen sie in ihren Schlafsack.

Bald war es ganz, ganz still im Iglu. Leise stand A-sa-ruk auf. Mit beiden Händen packte er das schwere Messer und erschlug den Mann. Doch als er sich umwandte, war die Sturmlampe im Eingangstunnel verlöscht und die Falltür nach außen verschwunden! Lautlos wie ein Luchs glitt A-sa-tuk an den Wänden entlang. Sorgsam tastete er die Balken ab. Endlich fand er einen winzigen Spalt. Da nahm er den Hermelinschmuck vom Kopf, und schon war aus dem kräftigen Burschen ein kleines behendes Hermelin geworden, das durch den Spalt hinaus ins Freie kroch. Er hatte noch nicht den letzten seiner vier Wieselfüße auf die Erde gesetzt, da verwandelte er sich wieder in einen Menschen. Nun kletterte A-sa-ruk auf das Dach des Iglus. Durch den Entlüfter konnte er mit Leichtigkeit hineinsehen. Aber er sah weder den alten Mann noch die schlafenden Jungen. Auf dem Boden des Iglus lag vielmehr ein großer toter Bär. Und neben ihm kämpften zwei Bärenjungen fürchterlich miteinander. A-sa-ruk erschrak sehr über diesen Anblick. Er ließ sich eilends von dem Dach gleiten und rannte zurück zu seinem Kajak.

Nichts Ungewöhnliches ereignete sich auf dem Rest seiner Reise den Fluß hinab. Träger und träger flossen die Wasser des Kobuk, versickerten in flachen Seen und moorigen Tümpeln, ließen sich treiben, wo es am bequemsten war, umgingen die niedrigen Sandbänke, die sie im Frühling angeschwemmt hatten, und wichen den dichten Tannenwäldern aus, die ihnen den Weg versperrten. A-sa-ruk kam an die Stelle, an der sich der Fluß teilt, um mit fünf Fingern ins Meer zu greifen. Ein großer Eskimostamm lebte dort. Doch A-sa-ruk war noch nicht zufrieden. Er paddelte weiter bis hinunter ans Meer, bis nach Kotzebue.

A-sa-ruk hätte nie geglaubt, daß irgendwo im Lande der Eskimos so viele Menschen beieinanderwohnen. Er entschloß sich, hier an der Küste des Nordpolarmeeres einen Sommer und einen Winter zu bleiben. Aber schon am Tage nach seiner Ankunft hörte er abends im Kazhgie davon, daß das Meer bei

Kotzebue eine große Bucht bilde. Einen kurzen Tag nur müsse man geradewegs wie an einem gespannten Lederseil entlang über den Ozean paddeln, um das gegenüberliegende Kap Espenberg zu erreichen.

Gleich am nächsten Morgen, als die Sonne weißlich kalt aus den Wellen stieg, paddelte A-sa-ruk los. Bei gutem Wetter überquerte er die Bucht auf das Kap zu. Dort sah er zwei große hohe Caches, einen einzigen Iglu und einen Kazhgie. A-sa-ruk zog sein Kajak ans Ufer. Er fühlte es deutlich, daß hier seine Reise beendet war.

Außer einem alten Mann mit seiner Frau und einer schönen Tochter lebte niemand auf dem ganzen Kap. Deshalb entschloß sich A-sa-ruk, bei diesen Leuten zu bleiben. Es war ein guter Platz zum Leben. Im Wasser gab es viele Seehunde und Walrosse, und in der Tundra streiften große Karibuherden umher. A-sa-ruk hielt es nicht für nötig, von der Eiskrem seiner Mutter zu kosten. Er ging täglich zur Jagd. Seine Beute war stets ausreichend. Wie es zu erwarten war, verliebte er sich in das schöne Mädchen und heiratete es.

Ein Jahr lebte A-sa-ruk schon auf dem Kap, da bereitete sich seine Frau eines Tages ihr Nachtlager im Eingangstunnel. In dieser Nacht wurde ihnen ein Baby geboren. Der junge Vater war sehr glücklich, daß es ein Sohn war. Auch die alten Eltern schienen sehr zufrieden mit ihrem Enkel. Ein Junge! Das bedeutete: ein Jäger! Eine Stütze für die Familie!

Schon wenige Tage danach sagte der alte Mann: »Schwiegersohn, ich hab kein Fellboot.«

Aber weil immer noch ein geringer Unterschied in ihrer Sprache bestand, bat A-sa-ruk seine Frau, daß sie ihm die Worte des Vaters übersetzte. »Und wo ist das Holz für die Rippen?« fragte er, nachdem er gehört hatte, worum es ging.

Die junge Frau erklärte ihrem Mann, an welcher Stelle der

Vater, wie er sagte, einen dicken geraden Stamm Rottanne liegen habe.

Ein ihm bisher unbekannter Ausdruck auf dem Gesicht des Alten warnte A-sa-ruk. Heimlich kostete er von seiner Eiskrem. Und sofort schmeckte er deutlich die Gefahr, die auf ihn lauerte.

Den großen Stamm, den man ihm bezeichnet hatte, sah A-sa-ruk schon von weitem an der Küste im Sand liegen. Er streckte viele starke Zweige von sich, und um ihn herum lagen die Knochen von Menschen. A-sa-ruk hatte einen schweren hölzernen Schlegel mitgebracht. Mit dem schlug er auf einen der Zweige los. Da sprang der mächtige Stamm nach ihm. A-sa-ruk konnte noch rechtzeitig zur Seite ausweichen, denn er war ja gewarnt gewesen. Er schlug auf einen anderen Zweig. Wieder sprang der Stamm in die Höhe und versuchte, den jungen Mann zu zermalmen. Aber A-sa-ruk war schneller. Zorn packte ihn. Er sprang vor und zurück; er schlug und stieß den Stamm, bis dieser barst und ächzend auf der Stelle liegenblieb. Schnell hatte A-sa-ruk genügend Holz für ein Bootsgestell von ihm abgespalten. Als er jedoch damit zum Iglu zurückkam, war sein Schwiegervater offenbar höchst überrascht, ihn zu sehen. A-sa-ruk zimmerte das Bootsgestell, wie er es von seinem Vater gesehen hatte. Als er fertig war, sagte der alte Mann nur: »Schwiegersohn, das Boot hat keine Haut.« Und die junge Frau erklärte A-sa-ruk, was ihr Vater gesagt hatte.

»Wo sind die Felle?« fragte A-sa-ruk.

Der Alte blickte ihn wieder mit jenem eigenartigen Ausdruck an. »Es sind keine da«, ließ er durch die Tochter sagen.

So nahm A-sa-ruk sein Kajak und paddelte aufs Meer hinaus zur Walroßjagd. Er erlegte so viele Tiere, wie er Häute brauchte, um das Boot bespannen zu können. Bevor er jedoch mit der Beute im Schlepp zur Küste zurücksteuerte, kostete er von der Eiskrem, die er wie immer in dem Vogelhautsäckchen bei sich trug. Ihr Geschmack sagte ihm, daß er nach Gefahr Ausschau halten müßte.

Zunächst geschah nichts. A-sa-ruk war schon ganz nah am Anlegeplatz der Familie, da sah er plötzlich wieder so ein hübsches rundes Etwas, wie es ihn damals, nicht weit vom Flußufer, gefangen hatte, von einer der beiden Caches herabhängen. Verwundert hielt er mit dem Paddeln inne. Im gleichen Augenblick fiel das Ding herab. Als es die Erde berührte, kam vom Land her ein wütender Wind auf. Die See brodelte und gischte weiß. Den jungen Mann trieb es von der Küste weg auf den tobenden Ozean hinaus. A-sa-ruk versuchte alles, sein Geschick zu wenden. Endlich hatte er eine sehr einfache Idee. Er blies seinen Atem in Richtung des Iglus. Nichts weiter. Doch schon legte sich der Wind. Das Meer beruhigte sich. Sanft schaukelten die seehundsledernen Schwimmblasen, daran an starken Riemen die Beute hing, hinter dem Boot auf den Wellen. A-sa-ruk landete unbeschadet. Er häutete die Walrosse. Und als die Felle trocken waren, nähte er sie mit Sehnen zusammen, zog sie über den hölzernen Kiel und die Rippen, und das Boot war fertig.

Der alte Mann war zufrieden. Er gedachte das Fellboot für seinen Enkel aufzubewahren. Seiner Frau gebot er, ein Schüsselchen Eiskrem zu bereiten. Am Abend häufte er im Kazhgie wie zu einem Schwitzbad Holz auf die großen Steine in der Mitte des Raumes und zündete es an. Er stellte die hölzerne Tonne mit Wasser bereit, das über die heißen Steine gegossen wird, wenn das Feuer erloschen ist, und den ganzen Raum in ein Dampfbad verwandelt. Dann ging er zu seinem Schwiegersohn und fragte ihn, ob er zu Ehren des neuen Bootes ein Schwitzbad mit ihm nehmen wollte. Der junge Mann ahnte nichts Böses. Er kam mit. Der Alte ließ ihm den Vortritt. Aber kaum war A-sa-ruk durch den Eingangstunnel in den Innenraum getreten, schloß der Alte erst die kleine und dann die Falltür hinter ihm, und der Schwiegersohn war gefangen. Während er noch versuchte, sich zu befreien, erschien der böse Schwiegervater am Lüftungsrohr im Dach. Von dort schüttete er die ölige Eiskrem, die ihm seine Frau mitgegeben hatte, auf das Feuer. Sogleich schossen die gefräßigsten Flammen bis zum Dach hinauf. Gemächlich ging der Alte davon; denn es würde wohl eine Zeit dauern, bis der Schwiegersohn in den Flammen umgekommen war.

A-sa-ruk in dem glutheißen, rauchigen Iglu merkte schnell, daß er auf normalem Wege nicht mehr entkommen konnte. Also nahm er seinen Kopfschmuck ab, verwandelte sich in ein Wiesel und kroch durch den Entlüfter hinaus ins Freie. Zwischen dem Gras auf dem Dach des Kazhgies verbarg er sich so lange, bis das Feuer niedergebrannt war. Dann erst nahm er wieder seine eigene Gestalt an.

Als der alte Mann in den Kazhgie hinabstieg, um die Asche seines Schwiegersohnes zu besichtigen, war A-sa-ruk, gesund und frisch, eben dabei, ein Gerüst aus Weidenbügeln über den erhitzten Steinen zu errichten. Er bedeckte das Gerüst mit Häuten, und neben den übergossenen Steinen blieb gerade genügend Platz für ihn, um ein Dampfbad zu nehmen. Der Alte schaute ihm zu. Er tat, als ob nichts geschehen sei. Gemeinsam gingen die beiden Männer spät in der Nacht nach Hause. Keiner von beiden erwähnte das Vorgefallene.

Abermals kam der Sommer. Der unermeßlich hohe Himmel spiegelte sich blau in dem unermeßlich weiten, eisfreien Meer. Reisezeit. A-sa-ruk entschloß sich, seine alten Eltern an der Quelle des Kobuk zu besuchen und eine Weile bei ihnen zu leben. Er packte seine Habseligkeiten in ein großes Familienboot, setzte Weib und Kind hinein und nahm geradewegs Kurs über die große Meeresbucht auf Kotzebue und die Mündung des Kobuk.

Die kleine Reisegesellschaft hatte knapp die Hälfte der Strecke zurückgelegt, da kam plötzlich bei völlig klarem Himmel Sturm auf. Mächtige Wellen hoben das große Boot wie ein leichtes Flaumfederchen empor und rissen es mit sich in die tiefen Wellentäler. A-sa-ruk versuchte umzukehren. Aber es gelang ihm nicht, das Boot in eine gleichbleibende Richtung zu bringen.

Er warf die Seehundbälge mit Robbenöl über Bord, um die Wellen zu besänftigen. Sie wuchsen nur um so höher. Da stieß er all sein kostbares Eigentum aus dem Boot, damit der Umiak leichter würde und besser zu steuern wäre. Der Ozean schien noch höhnischer zu tosen.

Wie hatte A-sa-ruk nur denken können, daß ihm der Alte die Tochter und den Enkel überlassen würde! Wie sollte er den gewaltigen Zauber, in den der Schwiegervater das Meer gebannt hatte, brechen? A-sa-ruk wußte keine Rettung. Traurig nahm er Abschied von seinem Weib und seinem kleinen Sohn und übergab beide dem Meer. Sofort erstarb der Wind. Die See wurde glatt wie eine kleine Schmelzwasserpfütze.

A-sa-ruk wendete dennoch sein Boot. Er schwur, sich an seinem Schwiegervater zu rächen. Der alte Mann hatte ihm die Frau und das Kind genommen. Er hatte versucht, sein Leben zu beenden. Ja, A-sa-ruk wußte jetzt auch sicher, daß der Alte es war, der seinen Bruder getötet hatte.

Mit schnellen Stößen trieb A-sa-ruk das Boot zum Landeplatz zurück. Er sicherte es nicht vor aufkommendem Wind. Er rannte außer sich vor Zorn den Pfad hinauf zum Iglu. Im Eingangstunnel saßen sein Weib und sein Kind. Unversehrt.

Es fiel A-sa-ruk schwer, nicht zu zeigen, wie sehr es ihn drängte, den Angakok zu vernichten. Jeden Tag konnte der Alte mit einer neuen List nach seinem Leben trachten. Es dauerte jedoch nicht lange, da ging der Schwiegervater eines Abends zum Kazhgie und zündete ein Feuer für ein Schwitzbad an. Diesmal verschloß A-sa-ruk die Tür von außen. Wie zuvor der Alte streute er nun Eiskrem durch das Lüftungsrohr in das Feuer. Die Flammen loderten hoch auf und füllten den ganzen Raum aus. Von dem boshaften Angakok blieb nichts übrig als ein wenig Asche.

Noch einmal belud A-sa-ruk das große Familienboot und paddelte damit zum Kobuk-Fluß. Ungefährdet überquerte er mit den Seinen die Kotzebue-Bucht. Als er aber den Kobuk hinauf kam, fand er alles verändert. Bären und Wölfe hausten dort, wo die kleinen Iglus gestanden hatten. Auch die zerfallenen Kajaks, die dem seinen so genau glichen, waren verschwunden.

Schneller als erhofft erreichte der junge Mann die Quelle des Flusses. Er fand seine Eltern beide noch am Leben. Sie waren überglücklich, als sie ihn wiedersahen. Solange sie noch atmeten, wurden sie nicht müde, die Geschichte seiner Abenteuer zu hören. A-sa-ruk aber errichtete den Seinen ein Heim an dem Platz, an dem er geboren war.

Wovon die Eskimos so rote Wangen haben

In den alten Zeiten lebte in Alaska auch ein Stamm Zwerge. Sie sahen genauso aus wie die Eskimos, waren nur viel, viel kleiner; ja, sie reichten ihnen gerade bis zu den Knien. Deshalb nannten die Eskimos sie Enukgalklenut.

Es wird erzählt, daß die Enukgalklenut sehr viel stärker waren als die Eskimos. Ein Zwerg allein konnte einen großen Seehund tragen. Waren zwei zusammen, konnten sie ohne Anstrengung mit einem Umiak zum Walfang aufs Meer hinaus fahren. Sie fingen weiße Wale und große schwarze Wale. Wenn sie die Beute gelandet hatten, schleppten sie die Tiere, die oft schwerer waren als ein Umiak mit fünfzehn Eskimos darin, mühelos zu ihren Iglus.

Eines war allerdings sonderbar: So stark die winzigen Leute auch waren, sie konnten nichts von der Stelle bewegen, was zuvor ein Eskimo berührt hatte.

Nun geschah es eines Tages, daß zwei Zwerge einen großen schwarzen Wal einen Hügel hinauf zu ihrem Schuppen trugen. Sie taten es mühelos wie gewöhnlich. Der vordere hatte den Wal am Maul gegriffen, der hintere trug ihn an der Schwanzflosse. Ein altes Eskimoweib und ein kleiner Junge standen mit offenen Mündern staunend dabei und beobachteten die kleinen Leute.

»Berührt unseren Wal nicht!« warnte einer der Zwerge. »Wir können ihn sonst nicht mehr in unseren Vorratsschuppen tragen!« Und damit gingen sie noch einmal hinunter zur Küste, um ihr Boot heraufzuholen.

Kaum waren die beiden Zwerge weggegangen, traten die Frau und der Junge an den Wal heran und tippten ihn ein wenig mit der Fingerspitze an. Es schien, als hätten sie eine ganz besondere Freude daran. Befriedigt liefen sie danach nach Hause. Klein und fern waren sie noch auf dem Pfad zu sehen, da kehrten die beiden Zwerge mit ihrem Boot zurück. Nachdem sie es kieloben neben den Schuppen gelegt hatten, wollten sie den Wal zerlegen. Aber wie sehr sie sich auch mühten, sie konnten ihn nicht einmal anheben. Sie versuchten es wieder und wieder. Es gelang nicht. Da wußten sie, was geschehen war. Zornig rannten sie auf dem kürzesten Weg zum Iglu der alten Frau. Der kleine Junge versteckte sich schnell unter einem Bärenfell, als er sie mit so bösen Gesichtern kommen sah.

Die beiden Zwerge traten nahe vor die alte Frau. Sie schüttelten die Fäuste, als wollten sie der Alten ins Gesicht schlagen. Sie berührten sie aber nicht. Sie ließen es bei den drohenden

Gebärden genügen. Dann verließen sie den Iglu und kehrten nie in jene Gegend zurück.

Vorsichtig kam der Junge wieder unter dem Fell hervorgekrochen. Doch was sah er! Das Gesicht der alten Frau begann anzuschwellen! Ihre Wangen färbten sich rot, als sei sie geschlagen worden. Das Gesicht schwoll und schwoll, bis es sehr rund war und die Augen ganz schmal hinter den roten Wangen hervorblickten. Und wie der kleine Junge die Alte erschrocken anstarrte, ließ diese keinen Blick von ihm; denn sein Gesicht verwandelte sich vor ihren Augen auf die gleiche Weise.

So kommt es, daß man noch heute die Eskimos, ob jung oder alt, an den sehr runden Gesichtern und den tiefroten Wangen erkennen kann.

Die tapferen Hundefell-Kleider

Es war einmal ein wunderlicher alter Mann. Kin-ga-leek genannt. Er lebte ganz allein in einem winzigen Iglu. Er war so alt, daß er nicht mehr zur Jagd gehen konnte. Seine Schlittenhunde aber gierten nach Fleisch; nach großen Happen frischen Karibufleisches. Kin-ga-leek mußte sie alle töten. Er tat es traurigen Herzens. Und aus den Fellen seiner Hunde nähte er sich Kleider. Die trug er Tag für Tag.

An den zahlreichen kleinen Seen und Teichen nahe seinem Iglu legte Kin-ga-leek Entenfallen aus. Jeden Morgen ging er zu einem der Seen und holte sich die Enten, die sich in seinen Netzen gefangen hatten. So war es ihm trotz seines hohen Alters möglich, sich recht und schlecht zu ernähren.

Viele Jahre fristete er auf diese Weise sein Leben. Dann fing er plötzlich von Mal zu Mal immer weniger Enten, und als er eines Morgens zu einem der Seen kam, war nicht eine einzige

Ente in allen seinen Fallen. Im dichten Ufergras aber hingen etliche Entenfedern verweht an den Halmen. Es mußten also Enten in die Netze geflogen sein. Nur waren sie offenbar beiseite geschafft worden.

Gleich am nächsten Tag rüstete sich Kin-ga-leek, denjenigen zu fangen, der ihn beraubt hatte. Wie stets zog er seine Hundefell-Kleider an. Doch sein Gesicht schwärzte er sich mit Schlamm. Noch bevor die Sonne über die schneebedeckten Berggipfel am Horizont gestiegen war, machte er sich auf den Weg. Tief geduckt schlich er durch Gras und Weidengebüsch zu den Seen hin. In seinen Netzen zappelten mehr Enten als genug; Kin-ga-leek rührte sie nicht an. Im Gras versteckt, wartete er geduldig und stillschweigend.

Mit einem Male hörte Kin-ga-leek eine leise Stimme: »Nimm du sie heraus!« Eine andere leise Stimme erwiderte: »Nein. Heute nimmst du sie heraus!« Und die erste Stimme sagte darauf: »Laß sie uns gemeinsam herausnehmen!«

Kin-ga-leek hob langsam den Kopf. Neben seinen Netzen sah er zwei Jungen, die gerade eine der Enten in einen Seehundbalg stopften. Schnell sprang der alte Mann auf, um die Diebe zu fassen. Im gleichen Augenblick sahen ihn die Jungen. Sie ließen den Sack fallen und rannten quer über die Tundra davon.

Kin-ga-leek lief keuchend hinter den Jungen her. Gerade als seine Kraft vom schnellen Laufen erschöpft war, sah er die beiden in einen Iglu schlüpfen und die Falltür hinter sich schließen. Da kroch er vorsichtig auf das grasbewachsene Dach und schaute durch die Entlüftung hinunter in den Innenraum. Er sah einen alten Mann auf einer Bank sitzen. Und er sah auch die beiden Jungen. Sie waren ganz krank vor Schreck. Sie hockten auf dem Boden, und es würgte sie, als ob sie sich erbrechen müßten. Aber das einzige, was sie hervorbrachten, waren Laute wie das Schnattern der Enten.

Der alte Mann atmete schwer vor Zorn. »Geh!« sagte er zu einem der Jungen. »Hole meine Trommel!« Der Junge stand mühsam auf und brachte ihm eine winzig kleine Trommel. Der alte Mann goß Wasser auf die Trommel, und sogleich begann sie anzuschwellen. Als sie so groß war, wie es sich gehörte, und straff gespannt, begann der Mann die Trommel zu schlagen.

Kin-ga-leek auf seinem Horchposten erschrak ein wenig. Sollte der Alte da unten ein Angakok sein?

Der Mann in dem Iglu sank ganz in sich zusammen. Mit fest geschlossenen Augen beschwor er seinen helfenden Geist. Wehe dem, der es gewagt hatte, die Jungen so zu jagen! Wild begann der Alte zu singen und die Trommel zu schlagen!

Plötzlich rauschte es rot und wallend den fernen Bergabhang herab. Feuer! Kin-ga-leek sah es, rutschte vom Dach des Iglus und rannte nach Hause. Nachdem er ein kurzes Stück gelaufen war, blickte er zurück. Da sah er das Feuer mit einem langen grünen Schweif in fürchterlicher Eile dicht hinter sich. Gerade als es brüllend nach ihm greifen wollte, warf ihm Kin-ga-leek einen seiner Hundefell-Fäustlinge vor die Füße. Der Handschuh bellte wie ein Hund und sprang das Feuer so grimmig an, daß es niederfiel. Wütend wehrten sich die Flammen. Bald hatten sie den Hundefell-Fäustling überwältigt und nahmen die Verfolgung von neuem auf. Kin-ga-leek warf seinen zweiten Fäustling in das Zauberfeuer. Auch dieser kämpfte knurrend mit dem Feuer. Bald aber war er tot, und es dauerte nicht lange, da hatte das Feuer Kin-ga-leek wieder eingeholt. Diesmal zog der Entenfallensteller im Laufen seine Hundefell-Parka aus und schleuderte sie in die Flammen. Die Parka bellte und knurrte wütend. Sie warf das Feuer zu Boden. Lange Zeit kämpften die beiden fürchterlich miteinander, dann aber war der Hund besiegt. Das Feuer sprang hinter dem Entenfallensteller her, hitziger als zuvor.

Kin-ga-leek war sehr erschöpft und nahe daran, zusammenzubrechen. Da fielen ihm seine hundsledernen Stiefel ein. Er zerrte sie sich von den Füßen und warf sie der grüngeschwänzten Glut entgegen. Sofort verwandelten sich die Mukluks in zwei Hunde. Sie bissen sich wutschnaubend so an dem Feuer fest, daß es in sich zusammensank. Doch Augenblicke später bäumte es sich erneut auf, heißer noch und grimmiger als zuvor. Die beiden Hunde fochten mit allen Kräften, bis das Feuer auch sie vernichtet hatte.

Kin-ga-leek war noch immer weit von seinem Iglu und seinenEntenteichen entfernt. Seine letzte Hoffnung waren seine hundsledernen Hosen. Er zog sie aus und lief mit den Hosen in den Händen weiter, so schnell es seine müden alten Beine noch vermochten. Das Feuer mit dem grünen Schweif kam hinter ihm her. Gerade als es Kin-ga-leek wieder fangen wollte, schleuderte er ihm die Hosen entgegen. Da sprang ein zweiköpfiger Hund mitten in die Lohe! Brüllend rollten die Kämpfer über die Erde. Kin-ga-leek hastete davon. Er blickte sich nicht nach seinen hundsledernen Hosen um. Er durfte keine Zeit verlieren. Nun hatte er nichts mehr, womit er das wilde Feuer noch einmal aufhalten konnte.

Schnell waren die knatternden Flammen wieder näher gekommen. Kin-ga-leek spürte ihre Glut und roch ihren rauchigen Atem. Doch in dem Augenblick, da das Feuer einen langen roten Arm nach dem alten Mann ausstreckte, sah Kin-ga-leek in dem glutenden Lichtschein das Wasser seines Ententeiches vor sich schimmern. Mit letzter Kraft sprang er in das Wasser. Das Feuer jagte so verbissen hinter ihm her, daß es nicht bremsen konnte. Wie der Blitz fuhr es geradewegs in den Teich, daß es gischte und sprühte. Dann war es mit dem Zauberfeuer vorbei. Kin-ga-leek war gerettet!

Manches Jahr danach legte Kin-ga-leek noch seine Netze aus. Niemand stahl jemals wieder seine Enten. Und der alte Mann hatte satt zu essen bis zu seinem Tode.

Die Geschichte von Ti-yuk, dem unbändigen Jäger

Es war einmal ein junger Eskimo, der hieß Ti-yuk. Er sah es als eine große Schande an, ohne Beute von der Jagd nach Hause zurückzukehren. Und da er außerordentlich viel Geschick für die Jägerei bewies, konnte es vorkommen, daß er an einem Tag zweimal zum Fang auszog. Er gönnte sich keine Ruhe. Er ging auch nicht zu Besuch und nicht zum Tanz in den Kazhgie. Die Jagd war das einzige, worum er sich kümmerte.

Ti-yuk war sehr stolz, daß man ihn als den größten Jäger seines Stammes ehrte. Seiner jungen Frau dagegen bereitete seine Jagdleidenschaft viel Ungemach. Jedem Stück Wild, das er nach Hause brachte, hatte sie das Fell abzuziehen. Sie mußte das Fleisch von den Knochen lösen. Sie mußte die großen Stücke zerlegen und für den Wintervorrat trocknen oder tief in die Erde in einer Frostgrube vergraben. Sie hatte die täglichen Mahlzeiten zuzubereiten. Sie hatte die Felle sauber zu schaben, zu trocknen und geschmeidig zu kauen oder mit Urin zu gerben. Und sie hatte die Fellkleider zu nähen. Sie arbeitete Tag und Nacht ohne Pause, um alles zu verwerten, was Ti-yuk von seinen Jagdzügen heimbrachte. Schließlich war sie so erschöpft, daß sie zu ihrem Ehemann ging und sagte: »Sieh, Ti-yuk, wir haben Fleisch für einen ganzen Winter und für einen Sommer dazu auf der Cache. Wir haben Felle und Leder für lange Zeit. Bitte, gehe eine Weile nicht auf die Jagd, sondern bleibe hier und ruhe dich aus.«

Ti-yuk widerstrebte es, seiner Frau zuzustimmen. Nur unwillig ließ er von seiner Lieblingsbeschäftigung ab. Die Untätigkeit machte ihn noch ruheloser. Die seltsamsten Gedanken quälten ihn, so daß er sich entschloß, seine Frau und seinen Iglu zu verlassen. Er wollte irgendwohin gehen, weit weg, wo er nach Herzenslust jagen könnte.

An einem schönen Morgen verstaute Ti-yuk seine Jagdkleider, Harpunen, Speere und Messer in seinem Kajak und paddelte geradewegs hinaus auf den Ozean. Tag um Tag paddelte er in der gleichen Richtung. Jeder neue Tag war ein bißchen kürzer als der alte vorher. Zuletzt war es schon mittags so dunkel, daß Ti-yuk nicht einmal den Rand seines Kajaks sehen konnte.

Ti-yuk überlegte noch, ob er weiterpaddeln sollte oder nicht, da sah er hoch über sich eine schmale Kluft, in der Tageslicht schimmerte. Er knüpfte ein langes Seil an seine Harpune und schleuderte sie hinauf in das Licht. Die Harpune spießte sich hoch oben fest. So heftig Ti-yuk auch an ihr zog, er konnte sie nicht herabreißen. Das war es, was er gewollt hatte! Nun band er das Kajak fest und begann bedächtig an dem Seil aufwärts zu klettern. Höher und höher kletterte Ti-yuk dem Lichte zu. Als er seine Harpune erreichte, stand er in einem anderen Land, auf einer steilen Klippe. Ringsum war es hell und sonnig. Ti-yuk blickte zu seinem Kajak hinab. Aber da unten war es so dunkel, daß er nichts erkennen konnte. Die Klippe, auf der er stand, war zu hoch. Sie versperrte dem Sonnenlicht den Weg in die Tiefe. Da zog Ti-yuk das Kajak mit dem Seil zu sich herauf und beschwerte es mit Steinen und Klötzen, damit es der Wind nicht von der Klippe blasen konnte.

Von all der Anstrengung war Ti-yuk sehr hungrig geworden. Deshalb setzte er sich erst einmal nieder und aß etwas Speck. Dann legte er sein kleines Messer, Speere, ein paar Riemen und andere Dinge, die er vielleicht nötig haben würde, in seinen Lederbeutel. Sein großes Messer mit der steinernen Klinge war zu schwer für einen längeren Ausflug. Er wickelte es in einige alte Darmhäute und legte es in das Kajak zurück.

Als alles gerichtet war, machte sich Ti-yuk auf den Weg, um nach den Bewohnern dieses Landes zu suchen. Er fand viele Spuren wilder Tiere, aber keine von Menschen. Einmal dachte er, er sehe ein Dorf geradeaus vor sich. Doch als er den Platz erreicht hatte, wuchs dort nur ein Wäldchen größerer Weidenbüsche. Enttäuscht wanderte Ti-yuk an den Weiden vorüber. Plötzlich sah er die Fußstapfen eines Mannes. Eine dicht hinter der anderen. Also mußte der Mann, der hier gegangen war, alt und schwach gewesen sein. Seine Spuren führten zu einem Punkt, von dem aus eine Menge anderer Fußstapfen in alle Richtungen verliefen. Ti-yuk überlegte lange, auf welchem Wege er weitergehen sollte. Er entschied sich, noch einmal die Spur des alten Mannes zurückzuverfolgen. Wie er dabei an den Platz kam, wo zuvor die Weiden gestanden hatten, fand er dort zu seiner Überraschung ein großes Dorf.

Hinter einem Stoß aufgestapelten Treibholzes verborgen, setzte sich Ti-yuk nieder. Er wollte das Dorf nicht vor der Dunkelheit betreten. Es konnte von schlechten Menschen bewohnt sein, die ihn töten würden, weil er ein Fremder war. Erst als die Sonne wie ein Ball aus roten Fuchsfellen in den fernen Spalt zwischen Himmel und Erde hineingefallen war, sah sich Ti-yuk nach der größten Cache im Dorfe um. Er ging in den Iglu, der ihr am nächsten stand. Dort saßen ein Mann und zwei Frauen auf dem Fußboden vor der Kochstelle. Sie waren sehr überrascht, Ti-yuk zu sehen. »Oh! Wie kommst du hierher?« rief der Mann. »Noch nie sind Menschen wie du in dieses Dorf gekommen!«

»Ich kam, weil mich meine Frau von meiner Arbeit losgesprochen hat«, antwortete Ti-yuk. »Das ist der einzige Grund, weshalb ich mein Zuhause verließ.«

»Gut! — Ziehe deine Mukluks aus, und dann iß mit uns!« sagte der Mann. Und die jüngere der beiden Frauen knetete und walkte Ti-yuks Pelzstiefel, bis sie wieder weich und biegsam waren. Schweigend ging sie danach hinaus und kehrte bald mit einer Holzschüssel zurück, in der Stücke von verschiedenem Fleisch lagen.

Ti-yuk zog seine Mukluks wieder an. Auch er schwieg, während er sich niedersetzte, um mit den Leuten zu essen.

Als die Mahlzeit beendet war, langte der alte Mann die Sturmlaterne vom Bord an der Wand. „Laß uns in den Kazhgie gehen, Fremder!«

Ti-yuk meinte, er werde im Kazhgie die anderen Männer vom Stamme seines Gastgebers treffen. Wie er aber durch die Tür trat, hörte er nur die Stimmen von Tieren. Er hörte Wölfe und Vielfraße, Füchse, Braunbären und Eisbären. Zu sehen war nichts von all dem. Die beiden Männer verbrachten den Abend allein miteinander. Spät in der Nacht erst gingen sie zum Iglu zurück und legten sich auf die Schlafbank.

Am folgenden Tag sprach der alte Mann davon, daß Ti-yuk bei ihnen bleiben sollte. Ti-yuk willigte ein. Als Gastgeschenk gab er der jüngeren der beiden Frauen das kleine Messer, das er mitgebracht hatte. Nichts hätte sie mehr erfreuen können. Der alte Mann jedoch blickte traurig, als sie das Messer empfing. Ti-yuk bemerkte es. Er nahm die Frau beiseite und fragte sie: »Warum ist der alte Mann traurig?«

»Es ist, weil er selbst noch nie ein Messer besessen hat«, antwortete sie. »Keiner von den Leuten hier hat ein Messer.«

»Ah! Ich habe noch ein anderes Messer, ein viel größeres. Es liegt in meinem Kajak«, sagte Ti-yuk. »Ich habe nur vergessen, wo ich das Boot zurückließ.« Er ging sofort zu dem alten Mann und versprach ihm das große Messer, wenn sie das Kajak finden würden. Der Alte ließ erkennen, wie sehr er sich freute, und er nahm Ti-yuk mit zum Kazhgie.

Als die beiden Männer eintraten, hörte Ti-yuk wieder die Tiere brummen und knurren, ohne etwas von ihnen zu sehen.

»Zwei von euch gehen des Fremden Kajak holen! Ihr wißt, wo es ist!« gebot der alte Mann laut, obwohl niemand im Kazhgie war. Aber aus der Wand traten zwei junge Männer in den großen Versammlungsraum und gingen durch die Tür hinaus. In wenigen Minuten kamen sie zurück. »Wir haben das Kajak des Fremden draußen an die Cache gehängt.«

»Oh!« staunte Ti-yuk. »Ich glaubte, mein Kajak sei weit, weit weg von hier.« Der alte Mann lächelte nur. Er bat Ti-yuk, daß er ihm nun das Messer bringe. Nachdem er es genau besehen und befühlt hatte, dankte er seinem Gast viele Male.

Obwohl es Ti-yuk bei den fremden Leuten gut gefiel, wachte er anderentags in der Frühe auf und fühlte sich krank und unglücklich. Er wußte sofort, woran das lag. »Ich möchte endlich wieder jagen gehen«, bat er. »Als ich noch zu Hause war, jagte ich von früh bis spät und kannte keine Ruhepause.«

»Schön«, sagte der alte Mann zu ihm, »du sollst jagen gehen.

Ziehe deine seehundsledernen Hosen und die Wasser-Mukluks an! Lege deine Harpune in das Kajak und bringe es in den Kazhgie!«

Ti-yuk nahm an, daß er das Kajak in den Kazhgie schaffen sollte, um es noch für die Jagd in Ordnung zu bringen. Doch kaum hatte er es im Innenraum abgesetzt, hörte er lautes Knarren und Splittern. Der Fußboden barst auseinander. Dort, wo die Holzplanken gewesen waren, brandete nun das Meer. Ti-yuk griff nach seinem Paddel. Sein Kajak schnellte leicht wie ein Pfeil über die Wogen. Am Ufer standen plötzlich viele Menschen: Männer, Frauen und Kinder. Sie alle beobachteten ihn neugierig. Er war noch nicht weit von der Küste entfernt, da gelang es ihm, eine Robbe zu harpunieren. Er paddelte zurück und zog sie mit dem Harpunenriemen aufs Land. Er häutete sie und zerlegte sie in kleine Stücke, um sie besser nach Hause tragen zu können. Doch da traten die Frauen heran, und jede nahm sich ein Stück von seiner Beute. Nur der Robbenkopf blieb für Ti-yuk übrig. Er gab ihn der jungen Frau. Sie kochte ihn zum Abendessen.

Am nächsten Tag wollte Ti-yuk wieder jagen gehen. Der Alte nahm ihn wie zuvor mit in den Kazhgie. Der Fußboden zerbarst, und an seine Stelle trat das Meer. Ti-yuk paddelte hinaus. Die Leute standen am Ufer und schauten ihm zu. Was der Fremde auf dem Wasser zustande brachte, hatte noch keiner von ihnen gesehen: Er schleuderte jedem Seehund, den er erlegt hatte, eine Harpune in den Speck, an deren festen Lederriemen ein aufgeblasener Seehundbalg als Schwimmer geknüpft war. Als Ti-yuk so viele Tiere erbeutet hatte, wie er gerade noch schleppen konnte, paddelte er zurück. Die aufgeblasenen Seehundbälge tanzten hinter ihm her auf den Wellen wie eine Herde lebendiger Robben mit Flossenstummeln. So landete Ti-yuk mit Leichtigkeit seinen großen Fang. Doch als er nach dem letzten Seehund auch sein Kajak an Land tragen wollte, war das Meer verschwunden, und er war mit seinem Boot im Kazhgie. Da zerschnitt er die Seehunde, und die Frauen kamen, und jede nahm sich davon. Zuletzt war von der ganzen Beute nur noch ein einziger Seehund übrig. Die junge Frau trug ihn nach Hause und hatte ihn bald zum Abendessen zubereitet. Als Ti-yuk in dieser Nacht aus dem Kazhgie zurückkam, sah er im hellen Licht des Vollmondes auf vielen Caches des Dorfes je eines der Robbenfelle von seinem großen Fang hängen. Auch auf der Cache seines Gastgebers trocknete, sauber geschabt, ein einziges Fell. Im Iglu saß die junge Frau neben der Tranlampe. Sie hatte eine Sehnenschnur zu einer Schlaufe geknüpft und um die Hände geschlungen. Sie hob die Schnur einmal über diesen Finger, einmal über jenen. So entstanden zu ihrem Zeitvertreib die verschiedensten Figuren: ein Eisbär, ein Wolf, das Kajak des Fremden.

Ti-yuk träumte die ganze Nacht von den geschickten Händen der jungen Frau. Als er endlich erwachte, fühlte er sich sehr schlecht und einsam. »Mein Kopf steckt voll Gedanken an meine Frau und an mein altes Zuhause. Ich würde gern heimkehren. Aber ich kenne den Weg nicht mehr«, klagte er.

Da setzte sich der alte Mann zu ihm. »Ich werde dich in den Kazhgie bringen. Wenn du dann in deinem Kajak sitzt, so paddle zuerst zwei Schläge zur Linken, dann zwei Schläge zur Rechten und zuletzt einen Schlag zurück. Du wirst staunen, wo du dich danach befindest. Aber bevor du aus deinem Kajak aussteigst, iß die vier Stücke Talg, die ich dir noch geben werde. Wenn du das alles befolgst, wirst du keinen Verdruß haben!«

Behutsam, fast feierlich, trug Ti-yuk sein Kajak in das Männerhaus, wo sich alle Bewohner des Dorfes versammelt hatten. Der Fußboden brach, und da war das Meer! Ti-yuk stieg in sein Boot. Der alte Mann reichte ihm würdevoll eine hölzerne Schale mit vier Stückchen Talg darauf. »Höre zum Abschied meine Worte! Wir sind keine Menschen wie du. Wir sind

Tiere. Wir halfen dir, weil du uns Messer gegeben hast und weil wir von dir lernten, wie man Seehunde jagt. - Lebewohl! Du wirst uns niemals wiedersehen! — Nun schließe deine Augen und paddle, wie ich dir gesagt habe.«

Ti-yuk verneigte sich. Dann schloß er die Augen. Er paddelte links, er paddelte rechts, und er paddelte zurück. Er öffnete die Augen. — Wahrhaftig! Er schaukelte unmittelbar vor der Küste seines Dorfes sanft auf den Wellen. Sogar seinen Iglu konnte er schon erkennen. Doch als er näher kam, sah er seine Frau auf dem Pfad einen gefleckten Seehund zerschneiden. Und schon begann ihn wilde Eifersucht zu quälen. Mit dem Paddel stieß er sein Kajak auf den Strand, sprang heraus und rannte den Pfad hinauf. »Wer hat den Seehund für dich getötet? — Wer hat den Seehund für dich getötet?« schrie er dabei in einem fort.

Aber o weh! Ti-yuk hatte vergessen, den Talg zu essen! Seine Frau sah an ihm vorbei wie an einem Fremden. Ja, sie hörte ihn nicht einmal rufen! Ti-yuk mochte schreien, wie er wollte, er bekam keine Antwort.

Da übermannten ihn Zorn und Enttäuschung derart, daß er das Paddel hob und nach seiner Frau schlug. Aus den umliegenden Iglus kamen zufällig Leute vorüber. Als sie sahen, daß der Mann die Frau schlug, trieben sie ihn fort, ohne ihn wiederzuerkennen.

Was sollte Ti-yuk nun tun? Er entsann sich schließlich einer alten Frau, die er manchmal besucht hatte. Sie konnte ein wenig zaubern. Zu ihr ging er. Ihr erzählte er seine ganze traurige Geschichte.

»Ich will versuchen, dir zu helfen«, sagte die Alte mitleidig. »Denn wenn du wirklich Ti-yuk bist, hast du mir auch schon oft geholfen.« Genau in der Mitte der Nacht gab sie dem Manne eine ihm völlig unbekannte Sorte Fleisch zu essen. Während er aß — »kaue es gut!« mahnte die Frau —, war ihm, als würden der Iglu und alles um ihn herum beständig größer.

In Wirklichkeit wurde Ti-yuk immer kleiner, bis er in einen tiefen Schlaf fiel und sich an nichts mehr erinnern konnte, was je zuvor geschehen war.

Die Alte packte den winzigen Ti-yuk in dicke Felle und trug ihn noch in der gleichen Nacht zu Ti-yuks Frau. »Du hast dir doch immer ein Baby gewünscht. Hier ist eines.«

Die Frau fragte nichts. Sie nahm freudig den winzigen Ti-yuk wie ihr eigenes Kind an. Doch sie merkte bald, daß es ein ganz ungewöhnliches Baby war. Es wollte keine Milch trinken, sondern nur Fleisch essen. Und es ließ sich nur von der alten Frau füttern.

Sehr bald jedoch begann es zu wachsen. Es wuchs so schnell, daß es in drei Tagen ein kräftiger junger Bursche war. Am vierten Tag hatte es einen Bart. Da erkannte die junge Frau ihren Mann wieder.

Von nun an jagte Ti-yuk wie früher nach Herzenslust. Doch weil er seine Jagdbeute an alle Frauen des Dorfes verteilte, war seine Frau zufrieden und glücklich mit ihm.

Das Steinboot von Iyak

In der Nähe von Iyak, einem Eskimodorf westlich von Nome an der Küste des Beringmeeres, ragt nahe dem Ufer eine lange schmale Klippe aus dem Wasser. Öffnet man die Augen nur eben einen Spalt breit, so scheint sich die steinerne Klippe in ein großes Fellboot zu verwandeln, in dem mehrere Leute sitzen. Wenige Schritte davon entfernt stehen auf dem Strand zwei Felsen, wie Menschen anzusehen. Das alles ist kein Zufall. Die Eskimo-Großmütter erklären es ihren Enkelkindern folgendermaßen:

Vor vielen Jahren lebte in Iyak ein sehr geschickter Angakok namens Ah-sik-so-kak. Nicht nur seine Frau, sondern auch seine Schwestern und seine vier Brüder wohnten zusammen mit ihm in einem Iglu. Er selbst tat nichts anderes als trommeln und zaubern. Die Seinen gingen im Sommer fleißig zur Jagd. Im Winter fischten sie durch ein Loch im Eis. Sie hackten sich Blöcke aus Schnee zurecht und bauten um das Eisloch herum einen hüfthohen halbrunden Wall, hinter den sie sich vor den eisigen Winden ducken konnten. Eines Wintertages geschah es, daß Sturm aufkam, während A-sik-so-kaks Schwester und sein großer Bruder am Eisloch einem Seehund auflauerten. Der Sturm schwoll an. Wütend wirbelte er Massen weißen weichen Schnees vor sich her. Heulend raste er über die beiden Geschwister hinweg, die sich eng an den Schutzwall preßten. Packeisblöcke barsten und krachten. Oder war es das Eisloch, nebem dem die beiden Eskimos kauerten? Einmal schien es, als würde der Sturm abflauen. Da merkten sie, daß sich eine mehrere Meilen große Eisscholle vom Küsteneis gelöst hatte. Und schon war der Sturm wieder voll neuer Kraft. Er schob das treibende Eisfeld weit von der Küste fort.

Während des ganzen Winters hörte keiner etwas von den beiden vermißten Geschwistern. Die Leute von Iyak gaben sie verloren. Nur Ah-sik-so-kak mühte sich und trommelte und sang alte und neue Zauberlieder. Er wollte Genaues über das Geschick seiner Geschwister erfahren. Vielleicht waren sie noch am Leben und hatten Hilfe nötig. Es war schon Frühling geworden, da fand Ah-sik-so-kak endlich mit einem seiner dienstbaren Geister heraus, daß Bruder und Schwester wohlbehalten an einer entfernten Küste gelandet waren. Nun galt es nur noch, sie ebenso wohlbehalten wieder nach Hause zu bekommen.

Als erstes zimmerte Ah-sik-so-kak das Gerüst für ein Boot. Seine Frau spannte die Walroßhäute darüber. Später, als die kleinen Eiderenten aus dem Süden geflogen kamen, nahm er einen seiner Brüder mit in das neue Boot und paddelte ins offene Wasser hinaus, um den kleinen schlanken Umiak zu prüfen. Das Stechpaddel hatte Ah-sik-so-kak aus dem geraden Stamm einer jungen Rottanne und dem Schulterblatt eines Wales gearbeitet. Dennoch konnte er das Boot nicht so schnell über das Meer treiben, wie die kleinen Eiderenten darüberhin flogen. Da wendete der Angakok den Umiak und trug ihn über den Ufereisgürtel wieder in den Kazhgie. Er zerlegte das Boot noch einmal und baute es schmaler. Als er es danach ausprobierte, glitt es ohne Schwierigkeit schnell wie die Enten über das Beringmeer. Nun war Ah-sik-so-kak zufrieden.

Als der Angakok an diesem Abend in seinen Iglu zurückkam, gebot er seiner Frau und seinen Brüdern, sich für eine lange Reise zu rüsten. Sie füllten Trinkwasser in hölzerne Gefäße. Sie holten Seehundbälge voll Blaubeeren und Tran aus der Eisgrube. Sie legten die Regen-Parkas aus getrockneten Walroßdärmen zurecht. Das alles und große Packen getrockneten Fleisches verstauten sie in dem neuen Fellboot. Die Frau mußte außerdem noch eine Parka und Mukluks anfertigen, beides gerade groß genug für ein kleines Kind, das zu laufen beginnt.

Als alles gerüstet war, stiegen Ah-sik-so-kak, seine Frau und die drei Brüder in den kleinen Umiak und starteten pfeilgerade hinaus auf das Meer. Mit der Schnelligkeit der Vögel überquerten sie die Wellen. Im letzten glutroten Aufleuchten der Sonne sahen sie Land vor sich mit vielen großen und kleinen Iglus und vielen schmalen und breiten Caches. Gleich darauf hüllte Dämmerung das Boot ein. Ah-sik-so-kak verwandelte sich in ein kleines Kind, das eben erst laufen lernt. Seine Frau zog ihm die Parka und die Mukluks an, die sie für diese Gelegenheit genäht hatte, und dann steckte sie das kleine Kerlchen in die Kapuze auf ihrem Rücken, wie es sich gehörte. Hierauf landeten die Geschwister. Sie sicherten ihr Boot an einem kräftigen Wurzelstock, den die Brandung ans Ufer geworfen hatte, und gingen auf den ersten Iglu am Rande des Dorfes zu. Der Iglu war von einem freundlichen alten Mann und seiner Frau bewohnt. Als die beiden die Fremden hereinkommen sahen, boten sie ihnen den Platz neben der Seehundöl-Lampe an. Die Frau brachte ihnen zu essen und schlug ihnen vor, ihre Gäste zu bleiben, solange sie wollten. Die Geschwister waren sehr froh, daß sie so schnell hilfsbereite Gastgeber gefunden hatten. Doch während sie noch aßen, trat von draußen ein Mann ans Fenster des Iglus. Der Dorfälteste wünsche, so rief der Mann, daß die Fremden in den Kazhgie kämen und an den Wettspielen teilnähmen.

Die alte Frau ahnte, daß der Dorfälteste in Wirklichkeit vorhatte, ihre Gäste zu töten. Früher oder später beseitigte er jeden Fremden, der ins Dorf kam. Sie wußte nur zu gut, daß sie den Geschwistern nicht helfen konnte. Und sie war traurig, denn sie hätte gern noch etwas Gutes für sie getan. Als die junge Frau mit dem Kind in der Kapuze fragte, ob im vergangenen Winter ein junger Mann mit seiner Schwester hier angetrieben wäre, antwortete sie bereitwillig: »Der Dorfälteste hat das Mädchen zur Frau genommen. Den Burschen wird er wohl bald töten.« Ah-sik-so-kak, in der Kapuze seiner Frau, entging kein Wort von der Geschichte.

Die Geschwister wurden vor dem Kazhgie von dem Boten erwartet, der sie hinein und vor den Dorfältesten führte. Doch der lag ausgestreckt auf nicht sehr sauberen Fellen und schlief. Die Geschwister setzten sich abwartend in eine Ecke. Bald kam eine große Menge Leute in den Iglu. Die Frauen trugen Speisen auf hölzernen Platten. Sie alle schienen unentschlossen auf etwas zu warten. Der Dorfälteste jedoch schlief fest und schnarchte laut. Da setzten sich die Männer und Frauen nieder und begannen zu essen. Nun sahen die Geschwister endlich auch den vermißten Bruder und die Schwester bei den Leuten des Dorfes. Denn als sich alle satt gegessen hatten, wischte sich einer nach dem anderen Mund und Hände an der Parka des verloren geglaubten Bruders sauber. Plärrend kroch das Baby Ah-sik-so-kak zwischen den Männern und Frauen umher, kroch auch zu dem Bruder hin und versuchte, sich die Nase an dessen Parka abzuwischen. Niemand achtete auf den kleinen Jungen. Da flüsterte Ah-sik-so-kak geschwind einige Worte in des Bruders Ohr.

Der Dorfälteste schlief den ganzen Abend. Die Geschwister konnten ungehindert zu ihren Gastgebern am Eingang des Dorfes zurückkehren und bei ihnen die Nacht verbringen.

Am folgenden Abend wurden die Geschwister wieder in den Kazhgie zum Dorfältesten gerufen. Der alte Mann und seine Frau waren sicher, daß das Dorfoberhaupt diesmal die Fremden töten würde. »Ihr fürchtet ihn also?« fragte die junge Frau, wie es ihr das Baby Ah-sik-so-kak in der Kapuze auf ihrem Rücken zugeflüstert hatte.

»Fünf Winter zurück, auf dem Zug ins Jagdlager zum Pelztierfang, blieb eine Familie mit drei Kindern nach einem schweren Schneesturm weit hinter den anderen irgendwo auf dem Weg. Wir waren alle sehr erschöpft. Er hat viele Tage nach der Familie gesucht. Er aber hat sie gefunden. Ihr Schlitten war durch das Eis eines Sees gebrochen. Die Mutter und die älteste Tochter lebten noch.«

»Und seitdem ist er euer Dorfältester?«

»Er ist auch ein unübertrefflicher Jäger. Jeden Herbst weiß er genau, wann die Seehunde durch die Beringstraße zurückkommen. Nur deshalb befolgen wir seine Ratschläge. Und viele von uns sind betrübt, daß ihm seine Macht besser schmeckt als Beerenspeise.« Die alte Frau hatte das alles leise und monoton gesagt. Sie schämte sich wohl, daß sie so viel daherschwatzte. Sie begann ein Fell weichzukauen und sah auch nicht auf, als die Geschwister den Iglu verließen.

Diesmal schienen im Kazhgie die meisten Bewohner des

Dorfes versammelt zu sein. Aber keiner saß in der Mitte des Raumes. Die Geschwister hatten sich eben auf eine Bank gesetzt, da kam der Dorfälteste herein. Er mußte sich tief durch die kleine viereckige Innentür bücken, denn er war überaus groß und auch sehr kräftig. Er trat sogleich in die freie Mitte des Kazhgies und gab bekannt, daß er mit einem der Fremden ringen möchte, daß er jedoch jeden töte, der ihm unterliege.

Einer der Brüder warf seine Parka ab und trat vor. Er war aber nicht nur viel kleiner als der Dorfälteste, sondern konnte auch dessen starke Taille nicht umfassen. So warf ihn sein Herausforderer bald zu Boden und tötete ihn.

Da trat der zweite Bruder dem Dorfältesten zum Kampf entgegen. Rachegefühle ließen seine Kräfte wachsen. Doch auch er vermochte nicht, den viel stärkeren und größeren Gegner zu umfassen. Schnell war er besiegt und getötet.

Der Dorfälteste rang mit jedem der vier fremden jungen Männer, auch mit dem, den das Eis angetrieben hatte. Und er besiegte alle vier. Aber als sie alle tot waren, riß sich Ah-sik-so-kak die Kinderkleider vom Leib und wurde wieder ein Mann. Er stürzte sich auf den Dorfältesten und ging ihn an mit sicheren Griffen. Der große starke Mann wehrte sich keuchend. Schweiß glänzte auf seinem nackten Oberkörper. Mit einem Ruck schloß Ah-sik-so-kak die Arme um die Taille seines Gegners, warf den Dorfältesten zu Boden und tötete ihn. Dann drehte er sich den Leuten des Dorfes zu, die lautlos den Kampf verfolgt hatten. »Wer mir zürnt, daß ich euren Ratgeber strafte, trete vor. Ich will mit jedem ringen.« Aber es kam keiner zu ihm in die freie Mitte. Da stippte Ah-sik-so-kak mit seinem linken Fuß ganz leicht an die Füße seiner getöteten Brüder. Sofort sprangen sie auf, lebendig und unversehrt. Sie gingen zur Bank hinüber und setzten sich nebeneinander wie zuvor. Die Leute des Dorfes wunderten sich sehr über die große Zauberkunst Ah-sik-so-kaks. Ungläubig berührten manche die wiedererstandenen Brüder, um zu fühlen, ob sie auch wirklich warm und fest anzufassen waren.

Plötzlich tönte lautes Greinen aus einer dunklen Ecke, wo eine verwelkte alte Frau saß. Als die Leute neugierig zu ihr hinsahen, zog sie einen kleinen ledernen Beutel unter ihrer Parka hervor, knüpfte die Verschnürung auf und schüttelte seinen Inhalt schnell in die Luft. Sogleich füllte schwerer und schwarzer Staub den Kazhgie. Er würgte die Anwesenden und drohte sie zu ersticken. Ah-sik-so-kak schwenkte nur seine Hand, und die Luft wurde wieder klar. Die alte Frau in der Ecke steckte den Beutel unter ihre Parka zurück, als sei nichts geschehen. Sie weinte nun nicht mehr.

Es war inzwischen spät in der Nacht geworden, so daß Ah-sik-so-kak anordnete, den Körper des Dorfältesten aus dem Kazhgie zu schaffen, damit die unverheirateten Männer zu ihrem Schlaf kämen. Der verloren gewesene Bruder und die Schwester aber gingen mit den Ihren zu dem kleinen Iglu am Rande des Dorfes. Sie waren überglücklich, daß Ah-sik-so-kak sie von dem boshaften Dorfältesten befreit hatte, für den sie nichts anderes als Sklaven gewesen waren.

Nach wenigen Tagen der Ruhe begannen die Brüder, die Heimreise vorzubereiten. Ah-sik-so-kak nahm seine Trommel. Er schlug sie leise und laut und sang dazu seine Zaubergesänge. Er gab sich große Mühe, zu erfahren, ob ihnen auf der Heimreise Gefahr drohe. Lange waren seine Sinne der Wirklichkeit entrückt. Aber zuletzt war er doch nicht zufrieden mit dem, was er herausgefunden hatte. So ging er zu den Leuten des Dorfes. Vielleicht konnte ihm einer von ihnen helfen. Sie kannten aber nur eine einzige alte Frau, die ein wenig zaubern konnte. Als Ah-sik-so-kak in ihren kleinen halbzerfallenen Iglu trat, schien es ihm einen Augenblick, daß die Frau jene Alte war, die im Kazhgie um den Dorfältesten geweint hatte. Doch der Angakok wurde freundlich aufgenommen, und alle die vielen Fragen,

die er der Frau betreffs seines Weges nach Hause stellte, beantwortete diese bereitwillig. Sie erbot sich sogar, den Geschwistern ein besonderes Feuer zu geben. »Das nehmt mit in euer Boot«, sagte sie. »Es wird euch sicher nach Hause führen. Aber ihr müßt es bei euch tragen, wenn euer Fuß eure heimatliche Küste berührt, und müßt damit als erstes ein Freudenfeuer anzünden.« Ah-sik-so-kak dankte der alten Frau für den klugen Rat und verließ sie.

Sehr zeitig am nächsten Morgen bestieg der Zauberpriester mit seiner Frau, seiner Schwester und seinen Brüdern den Umiak. Er nahm das Feuer aus den Händen der Alten und glitt hinaus über die See mit der Geschwindigkeit der kleinen Eiderenten. Als der Abend nahte, erreichten sie sicher die heimatliche Küste. Aber die alte Frau, die ihnen das Feuer gegeben hatte, war eine bessere Zauberin als Ah-sik-so-kak. Sie hatte in der Mitte des Tages ihr ledernes Beutelchen unter ihrer Parka hervorgezogen, hatte die Verschnürung aufgeknüpft und hineingeblasen. Im gleichen Augenblick hatte Ah-sik-so-kak in seinem Boot auf dem Meer ihre Weisung betreffs des Feuers vergessen. Nun also sprang er ohne das Feuer mit einem seiner Brüder aus dem Umiak, um das Boot vom Land aus mit einem Lederseil zu einer geschützten Landestelle zu ziehen. Sie hatten das Seil noch nicht fest im Griff, da zerfiel es in lauter Kieselsteine, die leise plätschernd ins Meer fielen. Das Boot und all die Leute darin verwandelten sich in eine schwarze Klippe. Auch der große Ah-sik-so-kak und sein Bruder wurden zu festem Stein. Und sie stehen noch heute so an der Küste, wie sie vor Jahren als lebende Menschen gestanden hatten.

Der Junge, der zuviel aß

Einmal lebte ein kleiner Junge mit einer alten, alten Frau zusammen in einem Iglu. Wenn er den Mund auftat, bat der Junge um etwas zu essen. Die alte Frau bekam ihn nie satt. Und eines Tages war der allerletzte Vorrat aufgegessen. Da schickte die Frau den Jungen hinunter an den Strand, damit er sich selbst etwas Eßbares suche. Das erste, was der kleine Kerl fand, war ein ebenso kleiner Fisch, den das Meer angeschwemmt hatte. Der Junge hob ihn hoch, schnitt ihm den Kopf ab und verschlang den Fisch. Dann suchte er weiter. Es schien ein glücklicher Tag. Er fand bald einen gestrandeten Seehund, der noch ganz frisch war. Der Junge schlug auch ihm den Kopf ab und aß den ganzen Seehund. Da er aber noch immer hungrig war, ging er weiter, bis er eine große Bartrobbe sah, die sich auf dem Sande in der Sonne rekelte. Bevor die Bartrobbe ins Wasser zurückgleiten konnte, hatte der Junge sie schon an der Schwanzflosse gepackt. Er schleifte sie vom Wasser fort, schlug ihr den Kopf ab und aß die große Robbe auf. Doch so richtig vollgegessen fühlte er sich immer noch nicht. Deshalb suchte er weiter das Ufer ab, bis er einen weißen Wal sah, der tot hoch auf dem Strande lag und trocknete. Die Bären hatten erst ganz wenig an ihm gefressen. Wie zuvor dem Fisch, dem Seehund und der Bartrobbe, schlug der Junge auch dem Wal den Kopf ab. Er verschlang alles: Fleisch, Haut und Speck.

Als der Wal aufgegessen war, fühlte sich der Junge besser. Zufrieden rieb er seinen Bauch und sang vor Behagen. Das erste Mal in seinem Leben war er so richtig satt geworden. Nur sehr, sehr durstig war er. Deshalb ging er zu dem nahe gelegenen Teich, aus dem sie immer das Trinkwasser schöpften. Als sich der Junge mit seinem vollen Bauch über das Wasser beugte, mußte er achtgeben, daß er nicht kopfüber hineinstürzte. Vorsichtig trank er Schluck um Schluck, bis der Teich leer und trocken war wie eine Fleischschüssel, über die die Schlittenhunde hergeraten waren. Dann stolzierte er auf seinen kleinen Beinen rund und dick und schwer zum Iglu zurück, wo die alte Frau schon ängstlich auf ihn wartete.

Ist es noch nötig zu sagen, daß er sich so dick gegessen hatte, daß er nicht mehr durch den Eingang paßte? »Ich habe zuviel gegessen«, rief er kläglich, »der Eingangstunnel ist zu schmal für mich.«

»Dann komme durchs Fenster!« sagte die alte Frau. Das Fenster war zwar kleiner als die Falltür vor dem Eingang, aber der Junge versuchte es trotzdem. Er konnte gerade seinen Kopf hindurchstecken. »Ich komme nicht durch das Fenster!« rief er.

»So krieche durch die Entlüftung!« schrie die alte Frau.

Dem Jungen erschien das lächerlich; denn so ein Lüftungsloch ist doch sehr viel kleiner als ein Fenster. Er gehorchte jedoch und versuchte es. Zu seiner Verwunderung konnte er Kopf und Schultern durch den Entlüfter zwängen. Aber dann kam er nicht weiter. Noch einmal rief er nach der alten Frau.

»Warte!« Sie seufzte und holte ihre Nähnadel herzu. Dann blies sie durch das Nadelöhr und hielt es hoch vor den Entlüfter. »So. Nun komm herein!«

Bequem kam der Junge durch das winzige Loch in der Nähnadel auf den Fußboden gerollt. Schnaubend richtete er sich auf. Erschrocken sah die alte Frau, wie angeschwollen der Junge vom Essen war. »Geh von der Seehundöl-Lampe weg!« schrie sie. Doch vor lauter Ärger über sich selbst stolperte der Junge direkt auf die Lampe zu. Die alte Frau stürzte entsetzt aus der Tür ins Freie. Hinter ihr dröhnte es wie ein gewaltiger Donnerschlag. Dann war alles wieder still.

Die alte Frau krabbelte auf das Dach des Iglus. Ängstlich blickte sie durch das Fenster hinab. Der Junge war verschwunden. Die Lampe war ebenfalls fort. Auf dem Grunde des Iglus aber schimmerte eine dunkle Wasserlache. In ihr schwammen ein Fisch, ein Seehund, eine Bartrobbe und ein großer weißer Wal.

Wie die Eiderenten nach Alaska kamen

Einmal, vor langer Zeit, kam im Frühling ein Eiderentenpaar über den großen Ozean ins Land des Nordens geflogen. Kalter Wind zauste ihre langen Schwanzfedern, als sie die Heimat der Eskimos am Beringmeer erreichten.

»Laß uns hier anhalten und unser Nest bauen«, bat die Entenfrau ihren Gatten.

»Warum sollten wir nicht noch ein kleines Stück weiterfliegen?« fragte dieser. Und seine Gemahlin wußte darauf nichts zu entgegnen.

Bald erreichten die beiden die Beringstraße, die Alaska von Sibirien trennt. Und wieder bat die Entenfrau: »Laß uns hier nach einem Nistplatz suchen.«

Aber ihr Gemahl war unersättlich. »Nur ein Stückchen weiter noch, meine Liebe«, drängte er.

So flogen sie denn schnell wie die Pfeile entlang der Küste des Eismeeres. Am Kap Espenberg, gerade dort, wo der Polarkreis vom Westen her zum erstenmal Amerika erreicht, schoß die Entendame plötzlich zur Erde nieder. »Hier müssen wir bleiben«, sagte sie ungehalten, »denn es ist Zeit, daß ich meine Eier lege.«

Da mußte sich der Enterich wohl oder übel einverstanden erklären. Die Eiderente fand bald dicht an der Küste eine schneefreie Mulde mit spärlichem Gras. Sie zupfte sich die weichen Daunen aus ihrem Federkleid und stopfte damit die Fugen in dem kleinen Nest schön dicht aus. Kaum war sie damit fertig, legte sie fünf blaßgrüne Eier hinein.

Der Eidererpel tauchte unterdessen im seichten Wasser nach Muscheln, schaukelte sich stolz auf den Wellen und blähte sich und brüstete sich. Als er sah, daß seine Entenfrau auf dem Nest saß und brütete, schwamm er gelangweilt aufs Meer hinaus. Dort sah er so viel Neues und Interessantes, daß er seine Gemahlin bald ganz vergessen hatte.

Nach achtundzwanzig Tagen waren die Eier der Eiderente ausgebrütet. Zufrieden führte sie ihre Entenkinder hinunter ans Meer und schwamm mit ihnen hinaus aufs Wasser. Die Kleinen folgten ihr brav hinterdrein. Im tiefen Wasser tauchte die Entenmama plötzlich kopfüber unter und kam nicht wieder zum Vorschein. Die fünf verlassenen Entlein fürchteten sich auf dem großen Meer. Sie schrien nach ihrer Mutter und schnatterten ängstlich durcheinander. Schließlich tauchte das kräftigste von ihnen unter Wasser, um die Mutter zu suchen.

Wie alle Enten, so war auch dieses mutige Entenkind schon ein guter Taucher. Lange, lange schwamm es unter Wasser. Je weiter es kam, um so ungestümer drängten die Wellen, und die Strömung wurde immer schneller. Zuletzt ruderte das Entlein doch an die Wasseroberfläche, um nach Luft zu schnappen. Da sah es eine Landzunge weit ins Meer hinausreichen. Das war das Kap Prince of Wales an der Beringstraße. Das kleine Entlein fand auch hier seine Mutter nicht. Aber es war so bezaubert von den wilden Wellen und der heftigen Strömung in der Beringstraße, daß es beschloß, nicht länger zu suchen, sondern am Kap Prince of Wales zu bleiben.

Seine vier Geschwister warteten und warteten, daß es zurückkomme. Sie ruderten ständig im Kreise herum, hielten nach allen Seiten Ausschau und konnten sich nicht denken, was mit der Mutter und dem Bruder geschehen war. Die Armen wußten ja nicht, daß die beiden sie verlassen hatten. So blieb ihnen nichts anderes übrig, als nach den Verschwundenen zu suchen. Sie beschlossen, das schwächste Entlein am Kap Espenberg zurückzulassen. Die drei anderen sollten ein jedes in einer anderen Richtung davonschwimmen. Gesagt, getan. Sie schnäbelten den kleinen Bruder zärtlich zum Abschied, steckten ihre Köpfe ins Wasser und tauchten unter, nach Nord, nach West und nach Süd.

Das Wasser wurde immer kälter, je weiter das eine Entenkind nach Norden schwamm. Die Finsternis verdichtete sich zur Nacht. Das Entlein ruderte unter dickem, festem Eis. Endlich fand es eine offene Stelle. Und da war es mitten im Eismeer. Ringsum sah es nichts als Eis und Schnee. »Bleib hier, kleine Eiderente«, bat der eisige Nordwind ganz sanft. »Es ist sonst gar zu einsam.« Da blieb sie, bis der Herbst kam, und kehrt seitdem jedes Jahr im Frühling wieder dorthin zurück.

Die zweite der jungen Enten geriet westwärts in wildes Wasser und starke Strömung. Aber sie schwamm tapfer fort, bis sie in einer stillen kleinen Bucht nahe am Ostkap in Sibirien an die Meeresoberfläche kam. Sie wußte nicht, daß sie die Beringstraße durchschwommen hatte. Vergebens schaute sie sich nach Mutter und Bruder um. Weil sie aber in der Bucht sehr viel schmackhaftes Futter fand, kam sie auf den Gedanken, dort ihr Heim zu gründen.

Besonders schnell schwamm das dritte Entlein. Hier und dort suchte es unter Wasser nach den Vermißten. Plötzlich gewahrte es weit voraus ein trübes Licht. Es mußte lange schwimmen, bis es ihm schien, daß nun das Licht direkt über ihm sei. Da tauchte das Entlein auf, um zu sehen, woher der helle Schein käme. Es war die Sonne! Sie stand viel höher am Himmel als am Kap Espenberg. Die junge Eiderente schnatterte laut vor Freude; denn sie liebte die Wärme, die Helligkeit und den Glanz der Sonne ganz besonders. Sie watschelte auf den Strand und fand es dort – es war die Norton Bai – gleich so recht heimatlich. Wie es das Entlein fertiggebracht hatte, unter der Seward-Halbinsel hinwegzuschwimmen, ist heute noch ein Rätsel.

So kommt es, sagen die Eskimos, daß die Eiderenten in jeder Bai, in jeder Lagune, im stürmischen Wasser wie im ruhigen, vom Ende des Eismeeres bis zu seinem Anfang, jedes Frühjahr aufs neue Einzug halten.

Das Glück im Wolkenland

Es waren einmal zwei alte Frauen. Sie lebten zusammen in einem kleinen alten Iglu. Sie hatten es schwer, sich die nötige Nahrung zu beschaffen. Und es kam bald so weit, daß sie den allerletzten Vorrat aufgegessen hatten. Als sie sich an diesem Abend auf ihre Felle niederlegten, jammerte die eine so laut, daß es bis hinaus auf den Pfad vor dem Iglu zu hören war: »Ach, wäre ich doch nur einen Tag wieder jung und schön! Ach, wäre ich doch reich und in einem besseren Land!« So lamentierte sie die ganze Nacht. Während die Gefährtin neben ihr ruhig und zuversichtlich schlief, sah sie sich schon langsam verhungern. Plötzlich hörte sie draußen einen dumpfen Aufschlag. Erschrocken sprang sie auf und lief hinaus. Da lag ein Karibu direkt neben dem Iglu! Weit und breit war aber niemand zu sehen.

Die Frau schüttelte verwundert den Kopf. Dann schleifte sie das Karibu in den Eingangstunnel. Ihre Gefährtin wachte von dem Lärm auf und kam, nachzusehen, was es gäbe. »Wo hast du das Karibu her?« fragte sie.

»Ich fand es neben dem Iglu.«

Sie hielten sich beide nicht lange damit auf, über den seltsamen Fund zu staunen. Zufrieden krochen sie wieder in ihre Fellsäcke und waren bald fest eingeschlafen.

Lange Zeit waren die beiden alten Frauen mit dem Karibu gut versorgt. Doch an dem Abend, da sie das letzte Stück Fleisch davon aßen, stand der einen von ihnen augenblicklich wieder der Hungertod vor Augen. Die andere dagegen legte sich früh schlafen, damit sie am nächsten Morgen zeitig und ausgeruht auf Nahrungssuche gehen könnte. So hörte sie ihre Gefährtin nicht seufzen und wehklagen. Sie hörte auch nicht den dumpfen Aufschlag neben dem Iglu. Erst als die Gefährtin ein fettes Karibu am Geweih in den Eingangstunnel zog, erwachte sie. »Wo hast du das Karibu gefunden?«

»Es lag genau vor unserer Tür.«

Sie zerlegten das Karibu, aßen noch jede ein Stück von dem frischen rohen Fleisch und gingen dann zufrieden zu Bett.

Das Karibufleisch war noch nicht ganz aufgegessen, da fing die eine der beiden alten Frauen wieder zu jammern an. »Du wirst sehen, wir müssen verhungern!« greinte sie. »Wer kümmert sich schon um uns zwei alte häßliche Frauen.« Die Gefährtin hörte nicht darauf. Sie kroch in den Schlafsack und schnarchte bald zufrieden. Aber die andere konnte nicht schlafen. Sie saß aufrecht auf der Schlafbank und dachte nach, was geschehen würde, wenn sie eines Tages gar nichts mehr zu essen hätten. Da hörte sie wieder den eigenartigen dumpfen Aufschlag hinter der Igluwand. So schnell sie konnte rannte sie hinaus; denn sie glaubte wieder ein Karibu zu finden. Statt dessen stand draußen ein junger, gut aussehender Mann vor der Falltür.

»Ich bin gekommen, dich zu heiraten«, sagte der Fremde und gebot ihr, die Augen zu schließen. Sie gehorchte. Da war es ihr, als wiche die Müdigkeit aus ihren Beinen. Sie begann sich jung zu fühlen, voll von kribbelndem Leben. Alle Sorgen und Nöte schienen sie zu verlassen.

»Öffne deine Augen und blicke zur Erde!« befahl der junge Mann.

Die alte Frau tat, wie ihr geheißen. Zu ihren Füßen erblickte sie alle Dinge, die sie alt gemacht hatten. Da lagen ihre abgerissenen Kleider. Da lagen all die vielen Falten, die die Sorgen um die Nahrung in ihr Gesicht gegerbt hatten. Und da lagen die Seufzer, von denen ihre Lippen schmal geworden waren. Aus der Greisin war eine schöne junge Frau geworden. Der fremde Mann nahm sie freundlich an die Hand. Gemeinsam schwebten sie hinauf zu den Wolken und kletterten auf ihnen höher und höher. Als sie die Kuppe der Wolken erreicht hatten, zwängten sie sich durch eine schmale Öffnung und kamen in ein anderes Land. Sie mußten nicht lange laufen, bis sie den Iglu des jungen Mannes erreichten. Er war groß und neu gebaut. Als sie hineingingen, sah die Frau Stapel von Karibuhäuten im Eingangstunnel liegen. Der Mann war so reich, daß seine neuerwählte Braut nichts fand, was sie bekümmern oder womit sie nur ein bißchen unzufrieden hätte sein können.

Sie lebten noch nicht lange zusammen, da wies der Mann zu den Bergen in der Nähe seines Hauses. »Geh nicht zu diesen Bergen«, sagte er zu seiner Frau. »Ich wünsche nicht, daß dich die Familie sieht, die dort lebt.«

Die Frau gehorchte. Aber bald begann sie, immerzu nach jenen Bergen zu sehen. Was mochten es wohl für Menschen sein, die dort lebten? Die Neugier plagte die Frau so sehr, daß sie keinen anderen Gedanken mehr fassen konnte. Als ihr Mann wieder einmal zur Jagd gegangen war, lief die Frau heimlich fort, zu den Bergen hin. Sie fand dort unmittelbar neben dem Pfad, den sie gegangen war, einen alten Iglu. Ein häßliches Mädchen in zerlumpten, unsauberen Kleidern lag auf dem Dach in der Sonne. Es winkte der Frau mit dem Kopfe, einzutreten.

Drinnen saß eine alte Großmutter. »Tritt näher und laß mich dein Gesicht sehen!« rief sie mit schriller Stimme. Die junge Frau trat folgsam vor sie hin. Doch als sie den Blick der Alten auf ihrem Gesicht fühlte, wurde ihr schwarz vor Augen. Der Iglu schien sich um sie zu drehen. Ohnmächtig sank sie zu Boden. Nun zog das häßliche Mädchen der ohnmächtigen Frau die neuen Kleider aus und hängte ihr die Lumpen um. Dann kniete sie nieder und rieb ihr Gesicht an den bleichen Wangen der jungen Frau. Sogleich wurde deren Gesicht auch häßlich; mehr noch, die Ärmste wurde alt und nahezu blind. Als sie endlich wieder zu sich kam, stieß das häßliche Mädchen sie zur Tür hinaus. Zitternd vor Todesangst, mit den Händen um sich tastend, stolperte die Unglückliche über die Tundra zum Iglu ihres Mannes.

Der Jäger war schon zurückgekehrt. Wie er sein Weib kommen sah, wußte er sofort, was geschehen war. »Da du mir nicht gehorcht hast, mußt du mich verlassen!« sagte er streng und schloß die Tür vor ihr.

Die Frau wünschte nun nichts sehnlicher, als noch einmal zur Erde zu ihrer alten Gefährtin zurückzukehren, mit der sie so friedlich gelebt hatte. Aber wie sollte sie von den Wolken hinunterkommen? Die Verzweiflung wies ihr den Weg: Sie nahm einen großen Seehundbalg aus dem Eingangstunnel. Den schleppte sie weit hinaus in die Tundra. Dann kroch sie in den Sack hinein und band ihn von innen zu. Als die Knoten fest genug geknüpft waren, begann sie sich rundum zu rollen. Immer schneller rollte der Sack mit ihr, immer weiter fort, bis er zuletzt durch den Spalt aus dem Wolkenland hinausglitt und mit der Frau sacht zur Erde schwebte.

Unverletzt kroch die Frau aus dem Seehundbalg. Befremdet sah sie, daß sie wieder jung und schön war. Und sofort vergaß sie ihre schlechten Erfahrungen, die sie im Wolkenland gemacht hatte. Sie vergaß auch, wohin sie sich zurückgesehnt hatte, und wanderte fröhlich an der Küste entlang. Sie war noch nicht weit gegangen, da traf sie einen jungen Mann, der sich auf der Stelle in sie verliebte. Sie folgte ihm bereitwillig in seinen Iglu, und in kurzer Zeit waren die beiden verheiratet.

Alles ging gut. Eine Zeitlang war die Frau so glücklich wie im Wolkenland. Doch weil sie nichts zu klagen und zu lamentieren hatte, begann sie an die andere alte Frau zu denken, mit der sie einst Armut und Elend geteilt hatte, und jammerte über deren Los. Ihr Ehemann ermahnte sie, von jenem Ort immer weit entfernt zu bleiben. Aber als er wieder einmal längere Zeit zur Jagd unterwegs war, wanderte sie heimlich zu dem alten baufälligen Iglu. Ihre ehemalige Gefährtin lag auf der Schlafbank und schlief friedlich. Erst als sie eintrat, erwachte die alte Frau. Freudig kroch sie aus ihrem Schlafsack und holte das letzte Stückchen Fleisch, das sie eben noch besaß, aus dem Eingangstunnel. Die Besucherin hockte sich auf den Boden nieder und aß das Gastmahl. Doch während sie noch kaute, fiel ihr ein, wie es wäre, wenn sie beide nun verhungern müßten. Und während sie so dachte, wurde ihre hübsche neue Parka alt und unansehnlich. Falten überzogen ihr Gesicht. Ihr Haar wurde grau und ihr Rücken gebogen. Verworren begann sie vor sich hin zu brummeln. Die andere alte Frau kroch wieder in ihren Schlafsack, drehte sich auf die andere Seite und schnarchte bald wieder.

Und so verbrachten die beiden Alten den Rest ihrer Tage; die eine immerzu unzufrieden und vergrämt, die andere heiter und zufrieden, komme, was mag.

Vom reichen Mann, der nicht nur das Seine liebte

In dem kleinen Dorf auf der Diomede-Insel in der Mitte der Beringstraße lebte einmal ein sehr wohlhabender Mann. Diejenigen, die seinerzeit noch Kinder waren und diese Geschichte später ihren Kindern weitererzählten, sind schon lange tot. Aber es soll damals tatsächlich üblich gewesen sein, daß ein reicher Mann auch gut war.

Jener Eskimo, von dem hier die Rede ist, war durch den Tauschhandel mit anderen Eskimodörfern reich geworden; denn er war der größte Jäger und Fallensteller seines Stammes. Er besaß viele Felle von gefleckten Seehunden, Bären, Silberfüchsen, Wölfen und Luchsen, und auf seiner Cache lag getrocknetes Seehund- und Bartrobbenfleisch im Überfluß.

Doch dann kam ein Winter, da schien es plötzlich keine Tiere im Meer zu geben. Jeden Tag ging der Mann hinaus über das frische Eis bis dorthin, wo der Frost die Wogen des Ozeans noch nicht bezwungen hatte. Aber er fand keinen Seehund, kein Walroß, geschweige denn einen Wal. Den anderen Jägern erging es nicht besser. Die Leute im Dorfe hungerten. Bald hatte nur noch der reiche Mann satt zu essen. Doch weil in der alten Zeit, wenn es die Not verlangte, die guten Eskimos mit ihren Gefährten alles teilten, was sie besaßen, gab die Frau des reichen Mannes jeden Morgen an die Bewohner des Dorfes Seehund- und Bartrobbenfleisch aus. Der tüchtige Jäger hatte es eigens für Notzeiten in einer Eisgrube verwahrt.

Es half alles nichts! Eines Tages waren auch die Vorräte des guten Mannes aufgegessen. Matt vor Hunger, dem Tode näher als dem Leben, lagen die Menschen in ihren Iglus. Und der Winter hatte sich breitgemacht und war mächtig geworden. Der reiche Mann stapfte auf seiner Suche nach Nahrung weit, weit hinaus aufs Eis, bis er endlich an offenes Wasser kam. Matt und ungewiß stand hinter leichtem Gewölk die Sonne über dem Horizont. Sie hatte keine Kraft, die winterliche Finsternis aufzuhellen. Jeden Augenblick konnte sie wieder ganz verschwinden. Da war dem Jäger, als bewegte sich vor ihm eine riesenhafte plumpe Gestalt. Oder trogen ihn nur seine Augen bei diesem spärlichen Tageslicht? Er packte seine Harpune fester, bückte sich tiefer und schlich näher zum offenen Wasser hin. Und von Schritt zu Schritt sah er den großen weißen Bären deutlicher. Das Tier stand am Rande des Eises und beobachtete die Wasseroberfläche. Da tauchte ein Seehund mit der Nase aus dem Wasser, nur um Atem zu holen. Doch als er den Bären sah, verharrte er wie erstarrt. Das große weiße Ungetüm sprang ins Wasser und tötete den Seehund. Als es wieder auf das Eis hinaufschlappte, trug es die Beute im Fang. Es legte den Seehund neben sich nieder, schüttelte sich das Fell trocken, daß die Tropfen bis zu dem Jäger hin stoben, und begann erneut, die eisfreie Rinne im Meer zu beobachten. Bald tauchte eine Bartrobbe auf. Sie erstarrte wie der Seehund in dem Augenblick, da sie den Bären zu Gesicht bekam. Der weiße

Räuber erbeutete sie ohne Schwierigkeit und legte sie neben den Seehund. Danach fing er sich noch ein Walroß und einen Wal. Ein einziger Hieb seiner Pranke tötete sie, nachdem beide, beim Anblick des Bären wie versteinert, sich nicht mehr von der Stelle bewegten.

Ein leises kratzendes Geräusch der Harpunenspitze auf dem Eis verriet den Jäger. Der Bär drehte seinen schweren Kopf nach ihm um. Als er den Jäger sah, richtete er sich auf wie ein Mensch. Genauso wie zuvor dem Seehund, der Bartrobbe, dem Walroß und dem Wal äugte er nun dem Mann ins Gesicht und blies einen Hauch eisiger Luft nach ihm hin. Dem Jäger wurde ganz schwindelig davon. Der Bär blies wieder, und der Jäger fiel auf das Eis nieder. Als ihn das dritte Mal der Eishauch traf, verließen den Jäger die Sinne.

Wie der reiche Mann wieder zu sich kam, blickte er verwundert um sich. Der Bär war nirgends zu sehen. Der Jäger hoffte, daß wenigstens noch der Seehund oder das Walroß am Rande des Eises liegen würden. Er sprang auf, ergriff seine Harpune und rannte dorthin, wo die Beute des weißen Räubers gelegen hatte. In diesem Augenblick tauchte der Kopf des Bären aus dem Wasser auf. Da schleuderte der Jäger mit aller Wucht seine Harpune. Er traf sein Ziel gut. Der Bär war sofort tot. Aber er war so groß und schwer, daß ihn der Jäger nicht aus dem Wasser zu ziehen vermochte. Er mußte ein ledernes Seil um den Nacken des Ungetüms schlingen, das Seil verknoten und an einem mächtigen ausgezackten Eisturm verankern.

So schnell es der Jäger in der Finsternis vermochte, lief er den weiten Weg ins Dorf zurück, um den Leuten seines Stammes die gute Nachricht zu bringen. Am folgenden Morgen bargen alle Männer gemeinsam die kostbare Beute: den weißen Bären und all die Tiere, die er getötet hatte. Das Dorf war gerettet. Gerettet von dem reichen Manne.

Aber dies alles liegt sehr, sehr weit zurück.

Siks-ruk, der Angakok

Einmal, vor langer Zeit, verschwand aus einem Eskimodorf der kleine Sohn des Dorfältesten. Jeder, ob Kind oder Erwachsener, half, den Kleinen zu suchen. Keiner konnte ihn finden. Dabei lebten in dem Dorfe drei oder vier Angakoks, von denen jeder angeblich übermäßige Zauberkräfte besaß. Doch auch sie konnten trommeln und singen, soviel sie wollten, sie fanden nicht die kleinste Spur von dem Jungen.

Die Eltern hatten die Hoffnung schon fast aufgegeben, ihr einziges Kind jemals wiederzusehen, da kam ein alter Mann zu ihnen in den Iglu. »Ich bin sowenig ein echter Angakok, wie ein Knabe schon ein Jäger ist«, sagte er. »Ich schlug meine Zaubertrommel bisher nur so für mich.« Und nachdem der alte Mann, den man Siks-ruk nannte, ein Weilchen seine Worte überlegt hatte, fügte er bescheiden hinzu: »Vielleicht bin ich trotzdem fähig, deinen Sohn zu finden.«

»Ich würde dir die Hälfte meines Besitzes geben«, sagte der Dorfälteste. Seine Frau preßte schweigend die übereinandergelegten Hände gegen die Brust, damit ihr Herz nicht zerspränge bei dem Gedanken, es könnte ihnen doch noch jemand helfen.

»Ich bin kein echter Angakok«, betonte Siks-ruk zum zweiten Male. »Mir geht es nicht um Dank und Lohn. Ich möchte nur hier bei dir meine Trommel schlagen dürfen.«

Der Dorfälteste winkte mit der Hand, und alle verließen sogleich schweigend den Iglu: die Frau des Dorfältesten, ihre alte Mutter und noch zwei junge Verwandte mit ihren Kindern. Der Dorfälteste selbst setzte sich abseits in einen Winkel.

Siks-ruk besprengte seine Trommel mit Wasser aus der Wassertonne, aus der das vermißte Kind sonst sein Trinkwasser geschöpft hatte. Dann nahm er einen langen hölzernen Löffel von der Kochstelle der Familie und begann, mit dem Löffelstiel die

Trommel zu schlagen. Aufmerksam schaute ihm der Dorfälteste aus seinem Winkel zu. Das Lied, das der Angakok sang, hatte er noch nie zuvor gehört. Doch als es zu Ende war, lächelte Siks-ruk zufrieden. »Ich denke, daß deinen Jungen vielleicht irgendwelche Tiere geraubt haben. Kann sein, daß ich ihn dennoch finde. Sage deinen Leuten, sie sollen mir etwas Verpflegung für eine kleine Reise geben, und ich werde morgen bei Tagesanbruch aufbrechen.«

Der Dorfälteste achtete darauf, daß Siks-ruk gut ausgestattet wurde. Der alte Mann schlug noch einmal die Trommel, versenkte sich dabei in seine Gedanken und Vorstellungen und wählte dann einen Weg quer über die Tundra auf die Bergkette in der Ferne zu. Er lief und lief. Langsam wuchsen die Berge mächtig auf ihn zu. Doch plötzlich stand er vor einem kleinen Iglu, der wie üblich halb in den Boden gegraben war. Geräuschlos kroch Siks-ruk auf das Dach, zu dem winzigen Fenster hin. In dem Raum unter sich sah er einen sonderbar aussehenden Mann und eine Frau und zwischen ihnen des Dorfältesten kleinen Sohn sitzen. Auf der Schlafbank aber lagen zwei große braune Bärenhäute.

Siks-ruk hatte gerade erst einmal flüchtig hinabgeblickt, da sagte der Mann da unten, ohne aufzusehen: »Jene zwei alten Frauen sind schlechte Frauen.«

Siks-ruk beugte sich vorsichtig näher an das Fenster, aber er sah keine zwei alten Frauen. Der Mann aber sagte, als spräche er nur so vor sich hin: »Du kannst ebensogut hereinkommen. Wir wissen, wer du bist.«

Siks-ruk wunderte sich, wie ihn der Mann gesehen hatte und woher er ihn kannte. Nachdenklich ließ er sich vom Dach des Iglus hinabgleiten. Er entschloß sich jedoch, der Aufforderung zu folgen. Durch den Eingangstunnel kroch er zu der kleinen viereckigen Tür. Als er sie öffnete, fand er den Raum dahinter leer. Überrascht blickte er um sich und suchte nach einer anderen Tür. Er fand keine. Aber im Fußboden entdeckte er ein winziges Fenster. Wie er sich niedergekniet hatte, sah er deutlich einen anderen Raum unter sich. In ihm saßen zwei alte Frauen. Es waren zweifellos diejenigen, von denen der sonderbare Mann gesprochen hatte.

Siks-ruk verwandelte sich in ein Haar. So sank er bequem durch den Fußboden hinab, genau zwischen die beiden alten Frauen. Kaum sahen die beiden Alten das Haar, lachten sie und riefen: »Oh, wir wissen, wer du bist!« Da nahm der Zauberpriester wieder seine eigene Gestalt an und begann mit den beiden Frauen ein Gespräch. »Der Mann da oben«, Siks-ruk wies mit dem Daumen zur Decke, »sagte mir gerade, daß ihr beide nicht gut seid.«

Die Frauen wurden natürlich sehr zornig. Sie zeterten und schimpften. Und Siks-ruk war listig genug, ihre Verärgerung für sich zu nutzen. »Wenn ihr mir zeigt, wo er jetzt ist«, sagte er, »werde ich euch mit einem schönen breiten Frauenmesser aus Elfenbein dafür bezahlen. Ich besitze es noch von meiner Frau, die ins Land der Väter gegangen ist.«

Die beiden Frauen konnten sich nicht einigen, welche von ihnen das Messer haben sollte. Erst als Siks-ruk versprach, ihnen noch ein Holzmesser mit einer eingesetzten Schneide aus hartem grünem Jadestein und einige Schleifsteine dazu von den Kobuk-Leuten zu beschaffen, kamen die beiden überein, ihm zu helfen. Sie führten ihn zu einer verborgenen Tür, die sich in den Raum öffnete, in dem der Mann mit seiner Frau und dem Söhnchen des Dorfältesten saß.

Als Siks-ruk so unerwartet eintrat, konnte der Mann die Überraschung auf seinem Gesicht nicht verbergen. Doch dann winkte er Siks-ruk, sich niederzusetzen. »Ich werde für dich singen«, sagte er, »dann magst du gehen.«

So sonderbar, wie der Mann aussah, so sonderbar und geheimnisvoll war sein Lied. Kaum hatte er zu singen begonnen,

verwandelten sich alle Dinge ringsum. Die Decke des Raumes wölbte sich, bis sie ein großer hoher Himmelstopf war, in dem Hunderte von Vögeln umherflogen. Die Balkenwände des Iglus belaubten sich. Knarrend streckten sie armstarke Zweige von sich. Gierig strichen Wölfe und große braune Bären rundum. Der kleine Sohn des Dorfältesten drückte sich furchtsam an die fremde Frau.

Als das Lied zu Ende war, bekam der Iglu wieder feste Wände und eine feste Decke, und alles war wie vorher. Siks-ruk blieb ganz ruhig sitzen.

»Das war sehr gut gesungen«, sagte er, »jetzt laß mich für dich singen!«

Der sonderbare Mann hatte das offenbar nicht erwartet, doch er sagte nichts. Siks-ruk sang zunächst sehr langsam und sehr leise. Allmählich erst wurde sein Lied schneller und lauter, heftiger und wilder. Sonst geschah nichts.

»Hör auf zu singen!« sagte der Mann gelangweilt. »Das ist genug.«

»Laß mich mein Lied nur erst beenden!« sagte Siks-ruk und sang weiter, unbändiger als zuvor. Plötzlich schien es, als mische sich ein dumpfes Rauschen in seinen Gesang. Der sonderbare Mann hob beunruhigt den Kopf. Doch da ließ Siks-ruk schon unvermittelt seine Stimme sinken. »Geh und schaue aus der Tür eures Eingangstunnels!« sagte er zu der Frau.

Die Frau lief erschrocken hinaus. Bitterlich weinend kam sie gleich darauf zurück. »Das Meer rollt geradewegs auf unseren Iglu zu!« schluchzte sie.

»Die Küste liegt eine Tagesreise weit von uns!« Der Mann sprang trotzdem beunruhigt auf und rannte zur Tür. Als er sie aufstieß, sprang plätschernd das Meer in den Iglu! Bleich und zitternd drehte sich der Mann nach Siks-ruk um. Der saß noch immer ganz ruhig auf seinem Platz. »Nun, kann ich den Jungen haben?« fragte er.

»Ja!« riefen Mann und Frau zugleich. »Nimm ihn, aber rette uns vor dem Meer!«

Da sang Siks-ruk sein Lied zu Ende, und das Meer zog sich gehorsam zurück.

Den Sohn des Dorfältesten an der Hand, verließ Siks-ruk den Iglu und wanderte geruhsam zum Dorfe zurück. Es ist unnötig, zu versichern, daß die Freude der Eltern groß war, als sie ihren Sohn wieder zurück hatten. Getreu seinem Versprechen überreichte der Dorfälteste Siks-ruk die Hälfte seines Besitzes. Es waren viele Felle von schönen, gefleckten Seehunden, von weißen und blauen Füchsen. Und es waren große Stücke Walbein, weißes und auch solches, das lange in Altwasser gelegen und sich schwarz gefärbt hatte. Siks-ruk würde es polieren und hübsche Gegenstände daraus schnitzen: als erstes einen Tschutschit, einen helfenden Geist, für den kleinen Sohn des Dorfältesten.

Meister Rabe und Meister Polarfuchs

Vor vielen Jahren waren Meister Rabe und Meister Polarfuchs erbitterte Feinde. Der Grund ihrer Feindschaft war nichts anderes als Mißgunst; denn Meister Rabe galt zwar als weise, doch Meister Polarfuchs wurde als das verschlagenste aller Tiere weit und breit respektiert und gefürchtet. Zwar hüteten sich Meister Rabe und Meister Polarfuchs sehr, ihren gegenseitigen Groll einander zu zeigen. Sie begegneten sich stets, als seien sie die besten Freunde. Doch dann und wann dachte sich jeder von ihnen aus, wie er den Nebenbuhler zu Fall bringen könnte.

Eines Tages im Frühjahr, die Schmelzwasser sprangen schon glucksend unter der blendenden Schneedecke die Berge hinab, entwarf Meister Rabe einen Plan, um sich seinen Rivalen vom

Halse zu schaffen und gleichzeitig seine Freunde von seiner vortrefflichen Weisheit zu überzeugen. Er ging zu dem Iglu, in dem Meister Polarfuchs wohnte, klopfte mit dem Schnabel an das Fenster aus Seehunddarm und rief: »Ich grüße Euch, Meister Polarfuchs! Wollen wir nicht zusammen zu den Hügeln gehen und ein bißchen spielen?«

»Sehr gut, mein Freund!« rief der Polarfuchs. »Ich komme sofort. Wir wollen zusammen ›Hügelhinunterrutschen‹ spielen!« Also erklommen die beiden einen sehr abschüssigen Hügel, der nicht allzu weit von Meister Polarfuchs' Iglu entfernt lag. Der Hügel war so hoch, daß man von der Kuppe aus nicht den Teich am Grunde des Abhanges sehen konnte. Meister Rabe wußte, daß sich der Teich von Schmelzwasser dort unten befand, und Meister Fuchs hatte es auch schon bedacht. Keiner von beiden aber sprach darüber.

»Ich lasse dir den Vortritt«, sagte der Polarfuchs und trat ein Schrittchen zur Seite, damit sich der Rabe zurechtstellen könnte. »Da kann ich so richtig bewundern, wie gut und sicher du hinunterrutschst!«

»Gut«, sagte der Rabe. Er hockte sich nieder, und ab ging es. Er rutschte jedoch auf dem verharschten Schnee so schnell, daß er nicht ein bißchen zu bremsen vermochte. Heijo, da war auch schon der Teich! Schnell breitete Meister Rabe seine Flügel aus und glitt dicht über der Wasseroberfläche hinüber auf die andere Seite in Sicherheit. Er kippelte flügelschlagend von einem Fuß auf den anderen. Als er sich endlich von seinem Schreck erholt hatte, rief er zu dem Polarfuchs hinauf: »Alles in Ordnung, Meister Polarfuchs! Nun laßt sehen, wie gut Ihr rutschen könnt!«

»Oh, ich höre hier oben so schlecht«, rief der Polarfuchs zurück. Und nach einer langen Weile: »Ich fürchte, ich falle ins Wasser.«

»Nein, nein, mein Freund! Ihr könnt gar nicht ins Wasser

fallen. Ihr müßt nur am Grunde des Hügels, statt in den Teich zu stürzen, hinüberspringen! — Ihr springt doch sicher so gut wie ich?« Nun ist ja ein Polarfuchs nicht von einem Raben zu überbieten, auch nicht von einem weisen. Wenn Meister Rabe über den Teich gesprungen war, konnte es Meister Polarfuchs zehnmal so gut! Also begann auch er zu rutschen. Immer abwärts ging es, so schnell, daß Meister Polarfuchs nicht bremsen konnte. Am Fuße des Hügels spannte er blitzschnell seine Muskeln, sprang — und landete genau in der Mitte des Teiches.

Meister Rabes Plan war geglückt! Er warf den Kopf zurück und lachte wild. »Hilfe! Hilfe!« schrie der Polarfuchs. Aber Meister Rabe lachte nur. Er lachte, als wollte er bersten vor Schadenfreude.

Die Parka aus Rabenhaut

Es waren einmal drei Brüder. Obwohl sie keine Eltern mehr hatten, lebten sie wie eine Familie zusammen in einem Iglu. Der jüngste von ihnen war sehr verwöhnt, denn jedermann bedauerte ihn, weil seine Mutter und sein Vater tot waren. Der kleine Kerl wurde von Tag zu Tag maßloser in seinen Wünschen, mürrischer und widerspenstiger. Mit allem und jedem, was die Brüder für ihn herbeischafften, war er unzufrieden. Die beiden wußten bald nicht mehr, womit sie dem Kleinen eine Freude machen konnten. Eines Tages entschlossen sie sich, ihm eine Parka aus Rabenhäuten zu nähen. Als das der kleine Bruder hörte, freute er sich sehr und zeigte sich ganz und gar zufrieden; denn eine Parka aus Rabenhaut hatte bisher noch keiner bei ihnen im Dorf. Während die beiden älteren Brüder im Iglu saßen und mit dünnen Sehnen und einer feinen Knochennadel an der Parka nähten, lag der Kleine auf dem grasbewachsenen

Dach des Iglus, blickte in den hohen Himmel über sich und sah sich schon in dem neuen schwarzen Federkleid den Pfad entlanggehen, fühlte schon die bewundernden Blicke der anderen Jungen auf sich. Beinahe wäre er über seinen schönen Träumen fest eingeschlafen, obwohl vom Ufer des Meeres Lachen und laute Rufe bis ins Dorf herein klangen. Seit dem frühen Morgen schon zerlegten die Frauen einen Wal auf dem Schlachtplatz am Ufer. Fünf von ihnen standen in der aufgeschnittenen Leibeshöhle des Meeresriesen. Sein Magen, groß wie ein Eiskeller, seine Nieren, schwer wie ein ausgewachsenes fettes Karibu, seine Därme, dick wie junge Bäume, und sein Herz waren schon mit den großen Steinmessern herausgelöst worden. Träge und satt schnupperten die Hunde an den frischen Fleischbrokken, die die Frauen aus dem Ungetüm herausschälten. Vögel und Füchse lauerten in angemessenem Abstand auf die Abfälle. Der Geruch des blutfrischen Fleisches stieg sogar dem kleinen Jungen auf dem Dach des Iglus angenehm in die Nase. Aber die Gedanken an seine neue ungewöhnliche Parka hielten ihn auf seinem Platz fest.

Es stellte sich heraus, daß den Brüdern noch eine einzige Rabenhaut für die Parka fehlte. Als das der kleine Junge hörte, rutschte er augenblicklich vom Dach des Iglus. Flink, als gelte es zum Seilturnen vor dem Kazhgie noch zurechtzukommen, lief er den Pfad entlang zur Küste hinunter. Wo das große Zerlegen des Wales im Gange war, würde er schon einen Raben auf Beutezug finden. Er wollte nicht warten, bis den Brüdern zufällig ein solcher Vogel vor Pfeil und Bogen kam. Er wollte seine neue Parka anziehen, bevor es Abend wurde!

Der kleine Junge hatte noch nicht einmal das Ende des Dorfes erreicht, da sah er einen Raben, der sich einen Happen blutigen Walspecks zur Seite geschleppt hatte und nun eifrig mit seinem Schnabel daraufloshackte. Er flog nicht einmal davon, als der Junge über einen Haufen ausgetrockneter Knochen hinweg auf ihn zukam; denn er war ein gezähmter Rabe. Es war nicht schwer, ihn zu greifen und zu töten.

Der Junge hatte sich kaum auf den Weg nach Hause gemacht, da begegnete ihm ein alter Mann. Der Alte ging gebeugt und guckte immerzu kurzsichtig blinzelnd um sich, als suche er etwas.

Als der alte Mann den schwarzen Vogel in der Hand des Jungen sah, rief er flehentlich: »Da ist ja mein Rabe! Bitte, gib mir meinen Raben!«

»Das ist nicht dein Rabe«, antwortete der Junge schnippisch. »Diesen hier fand ich weit unten am Ufer.«

»Doch, das ist mein Rabe! Ich erkenne ihn deutlich«, versicherte der alte Mann. »Er ist mir erst heute morgen weggeflogen. Bitte, gib ihn mir zurück!«

Der kleine Junge dachte nur an sich selbst. »Du kannst ihn nicht haben!« schrie er ungehalten. »Ich brauche ihn selbst. Es sind nicht genügend Rabenhäute da, meine Parka fertigzunähen.«

Der alte Mann wurde sehr zornig. »Ich warne dich! — Wenn du mir meinen Raben nicht zurückgibst, könnte etwas Furchtbares geschehen!«

Der Junge lachte nur, schwang den toten Raben über seinem Kopf im Kreis und rannte davon. »Hol ihn dir doch!« rief er zurück. »Du kannst ihn ja haben!«

»Halt! Warte noch!« rief ihm der alte Mann mit brüchiger Stimme nach. »Du sollst ihn behalten, wenn du es wünschst!«

Der Junge blieb neugierig stehen.

»Aber du wirst nur ein kurzes Stück den Pfad entlanggehen«, fuhr der Alte fort, »und dann wirst du dich niedersetzen und sagen: Au-soo-gotah-tuk-tunga! — Ich werde alt!«

»Du kannst mich nicht fürchten machen!« erwiderte der Junge und sprang weiter, den Raben übermütig hin und her schwenkend. Er hatte noch nicht die Hälfte des Weges zurückgelegt, da kam ihn Müdigkeit an. Seine Knie wurden schwach, und seine Glieder begannen zu zittern, als hätte man ihn zu oft mit der Walroßhaut in die Luft geprellt. Er setzte sich nieder. Er wollte ein wenig rasten. Erschrocken hörte er sich selber mit brüchiger Stimme sagen: »Au-soo-gotah-tuk-tunga!«

Da stand der Junge mühsam auf und versuchte weiterzugehen. Doch seine Beine waren zu kraftlos, das Gewicht seines Körpers zu tragen. So weit er vermochte, schleuderte er den toten Raben von sich. Auch danach konnte er nur noch mühsam auf Knien und Ellenbogen vorwärts kriechen. Als er endlich den Iglu seiner Brüder erreicht hatte, reichte seine Kraft nicht mehr aus, die Tür zu öffnen.

»Öffnet mir! So öffnet mir doch!« rief er kläglich.

Die Brüder hörten die fremde Stimme, kamen heraus und sahen sich verwundert um.

»So zieht mich doch hinein!« flüsterte der Junge schwach. »Ich bin euer Bruder!«

»Unser Bruder ist ein kleiner Junge, Alterchen!« drohten die Brüder scherzhaft. »Und du bist ein alter schwacher Mann.«

Sie griffen ihm jedoch hilfreich unter die Arme und nahmen ihn mit in den Iglu. Als sie ihn auf die Bank gelegt hatten, erzählte er mühsam, was vorgefallen war, seitdem er zur Küste lief, um sich einen Raben zu fangen. Mit jedem Wort überzeugte er die Brüder mehr, daß er ihr kleiner Bruder war. Aber mit jedem Wort auch wurde er älter und faltiger. Sein Haar färbte sich erst grau und dann schneeweiß. Seine Stimme schien von weit her zu kommen. Und mit dem letzten Wort seiner Geschichte war der Junge so alt geworden, daß er an Altersschwäche friedlich starb und ins Land der Väter wanderte.

Nasee-kayoosie, der Sohn des Ki-ou-tay-luk

Fern von der Küste im Inneren Alaskas fließt der große Koyukuk-Fluß südwärts, bis er in den allgewaltigen Yukon einmündet. Entlang den Ufern des Koyukuk, die mit Fichten eingefaßt sind, wohnt ein Volksstamm, der mit den Eskimos so gut wie mit den Indianern verwandt ist. Dies ist die Geschichte von einem Manne dieses Stammes, die Geschichte von Nasee-kayoosie, dem Sohn des Ki-ou-tay-luk.

Von allen Männern seines Dorfes war Ki-ou-tay-luk der reichste. Er besaß den größten Iglu und die längste Cache. Ihm gehörten die stärksten Hunde, die schönsten Schlitten und die kostbarsten Parkas. Er war es, der den Armen Fleisch gab, wenn das Wild knapp war. Ihm verdankten viele Leute ihr Leben. Als Miginosie, seine hübsche Frau, ihm einen Sohn gebar, da war der Freude kein Ende. Tagereisenweit kamen seine Stammesbrüder von allen Seiten herbei, um den Erstgeborenen von Ki-ou-tay-luk zu sehen. Viele Frauen baten um Erlaubnis, das Baby zu betreuen. Andere nähten Mukluks für seine winzigen Füße und kleine Parkas aus weichem Hasenfell. Sie nannten ihn Nasee-kayoosie, Sohn des großen Ki-ou-tay-luk. Und als er der warmen Kapuze auf dem Rücken seiner Mutter entwachsen war und selbst laufen konnte, zeigten alle noch mehr Liebe für ihn als zuvor. Die Frauen nähten ihm neue hübsche Pelzkleider, und die Männer schnitzten ihm Spielzeug aus Erlenholz und Elfenbein. Auch als ihm eine kleine reizende Schwester geboren wurde, blieb er weiter der Liebling des Dorfes. Die Leute malten ihm aus, wie er heranwachsen und ein mächtiger Mann werden würde wie sein Vater und daß eines Tages die weisen Worte des Nasee-kayoosie im Versammlungshaus hohen Wert haben würden.

Nasee-kayoosies Schwester war noch ein zartes kleines Dingelchen, da starben plötzlich viele Leute des Dorfes an einer unbekannten Krankheit. Zuerst starben die Alten, dann die Schwachen. Doch selbst die Stärksten des Stammes verschonte die Krankheit nicht. Der große Ki-ou-tay-luk und Miginosie, seine Frau, gehörten ebenfalls zu den Opfern. Nur der Junge und seine kleine Schwester blieben allein in dem großen Iglu zurück.

Die vielen Toten waren noch nicht alle begraben, da machten einige durchreisende Fremde Station in dem Dorf. Als sie das mutterlose kleine Mädchen vor dem Iglu seiner toten Eltern auf dem Pfad hocken sahen, wo es mit einem Stöckchen traurige Bildergeschichten in den lehmigen Boden malte, hoben sie es auf und trugen es fort. Und da sie sich schon lange sehnlich ein eigenes Kind gewünscht hatten, nahmen sie das Mädchen an Kindes Statt in ihrer Familie auf. Den Knaben wollte niemand haben. Die Männer, die ihm einst hübsches Spielzeug geschnitzt hatten, kamen nun und holten das Eigentum seines Vaters aus dem Iglu fort, wie sie es gerade brauchten. Die Frauen, die ihm vordem Liebe erwiesen hatten, stießen ihn nun scheltend aus ihrem Iglu hinaus, wenn er kam und um etwas zu essen bat. Sogar seine früheren Spielkameraden verhöhnten ihn. Niemand auf der ganzen Welt war so arm und allein wie Nasee-kayoosie, der einmal von allen geliebt und bewundert worden war.

Da lief der Junge aus dem Dorf fort, wo ihn jedermann so grausam behandelte. Er lief tief in den dichten schummerigen Wald hinein. Wo noch nie eines Menschen Fuß den Waldboden berührt hatte, suchte er sich einen Weg. Die Dorfbewohner machten sich keine Gedanken über sein Verschwinden. Manche glaubten, er sei vielleicht auch gestorben, und viele vergaßen bald, daß er jemals gelebt hatte.

Nasee-kayoosie starb nicht. Zwar war das Leben in den dichten unwegsamen Wäldern schwer für ihn, denn er war nur ein Junge und hatte das Jagen noch nicht erlernt. Oft mußte er Wurzeln und die Rinde der Bäume essen, um nicht zu verhungern. Auch an warmer Kleidung fehlte es ihm. Im Winter verkroch er sich deshalb wie die kleinen braunen Bären in den Stämmen hohler Bäume. Doch Jahr für Jahr, allem Ungemach zum Trotz, wuchs Nasee-kayoosie heran, bis er ein kräftiger junger Mann geworden war. Freilich besaß er keine handwerklichen Fähigkeiten wie andere Burschen seines Alters. Das Leben in der Wildnis hatte andere Talente in ihm entfaltet. Seine Augen waren scharf wie die des großen Luchses. Und seine Ohren hörten all die Geräusche, die sonst nur die wilden Tiere wahrnehmen. Ja, er hatte sogar einen Sinn für bevorstehende Ereignisse in der Natur entwickelt.

Je älter Nasee-kayoosie wurde, desto mehr sehnte er sich nach Gefährten seinesgleichen. Unfähig, diesem Drang zu widerstehen, ging er den Weg aus dem unendlich scheinenden Waldesdickicht zurück, den er vor reichlich zehn Jahren gekommen war. Das Dorf am Ufer des Koyukuk-Flusses war kaum noch wiederzuerkennen. Die meisten Leute waren arm und halb verhungert. Viele der alten Einwohner waren längst gestorben. Nasee-kayoosie erzählte niemandem, wer er war, und niemand zeigte großes Interesse an ihm. Er war für die Dorfbewohner nichts weiter als ein armer Wanderer, zu arm, als daß man von ihm hätte etwas gewinnen können. Deshalb war auch niemand freundlich genug, den Fremden in seinen Iglu zu bitten. Nasee-kayoosie ging also zum Kazhgie und lebte dort mit den anderen wohnungslosen Männern und Jungen. Wenn ihnen die Frauen Essen brachten, teilten sie mit ihm, und so war er wenigstens selten hungrig.

Von nun an nutzte Nasee-kayoosie jede Stunde. Kamen die Männer abends in den Kazhgie, um zu arbeiten und ihre Erfahrungen auszutauschen, hielt er sich beständig in ihrer Nähe auf.

Aufmerksam lauschte er ihren Worten und dachte über deren Sinn nach. Genau beobachtete er Hände und Werkzeug der Arbeitenden. Nichts entging seinen scharfen Augen. Es dauerte gar nicht lange, da wußte er nicht nur, wie Bogen und Pfeile und Speere gemacht wurden. Er zimmerte sich einen Schlitten aus Fichtenholz, besser als manch anderer. Mit Sehnen verband und befestigte er die hölzernen Teile des Schlittengestänges ebenso fest und geschickt wie die besten Handwerker des Dorfes. Die beiden langen Stücke vom Stoßzahn eines Walrosses legte Nasee-kayoosie in Urin, wie er es bei den Gefährten gesehen hatte. So wurde das Elfenbein weich, bevor er es für die Schlittenkufen zurechtbog.

Die Jahre vergingen. Nasee-kayoosie lebte noch immer im Kazhgie. Aber er war nicht mehr arm. Da er die Gewohnheiten der wilden Tiere kannte, war er seit langem der beste Jäger des Dorfes. Seine Parkas hatten die Frauen für guten Lohn aus den besten getüpfelten Fellen genäht und mit den feinsten Stückchen Vielfraß- und Wolfspelz besetzt. Ihm gehörte das beste Hundegespann des Dorfes. Er hatte es sich im Tauschhandel von weit her geholt. Doch wie das so ist: Je mehr Nasee-kayoosie gelang, um so mehr trieb die Bewohner des Dorfes der Neid, über ihn zu tratschen. Abends, wenn er im Kazhgie saß, konnte er mit seinen feinen Ohren die Leute in ihren Iglus über ihn reden hören. Viele haßten ihn heimlich. Einige weissagten, daß er noch so reich werden würde wie der große Ki-ou-tay-luk. Andere gaben vorsichtig zu verstehen, daß der Fremde auch der Geist des toten Ki-ou-tay-luk sein könnte, der gekommen war, sie für das zu strafen, was sie seinen Kindern angetan hatten. Stieg dann ein neuer Tag aus den Nebeln des Flusses, sprachen die Leute freundliche Worte zu Nasee-kayoosie und lächelten, wenn sie ihn trafen; denn wie es der Brauch verlangte in jenen Tagen, teilte der junge Mann jede gute Jagdbeute mit seinen Nachbarn. Er gab den Hungrigen Fleisch, und jenen, die faul waren, gab er von seinen Pelzen, obwohl er wußte, daß er den Erwerbssinn seiner Stammesangehörigen auf diese Weise nicht förderte. Er mühte sich, immer nur an all die Freundlichkeiten zu denken, die sie ihm getan hatten, bevor ihn ihre Hartherzigkeit in den Wald trieb.

Die Zeit kam, da Nasee-kayoosie daran dachte, einen eigenen Iglu zu bauen und eine Cache zu errichten. Die Reisenden, die in das Dorf kamen, sollten wissen, wo sie sich der größten Gastfreundschaft erfreuen würden. Aber kaum begann der junge Mann um eines der Dorfmädchen zu freien, kaum war er zwei Nächte nicht im Kazhgie gewesen, schon begannen die Leute des Dorfes allerlei Boshaftes darüber zu schwatzen.

Nasee-kayoosie heiratete die junge Frau, die er auserwählt hatte. Er baute ihr einen Iglu, dessen Wände er innen mit schönen Fellen behängte. Und er gab ihr das Beste von allem, was er beschaffen konnte. Er liebte die junge Frau mehr als sonst etwas auf der Welt. Das erste Mal seit seiner Rückkehr ins Dorf war er glücklich.

Nach der Hochzeit verbrachte Nasee-kayoosie seine Abende wieder mit den anderen Männern im Kazhgie, wie es sich für einen Jäger gehörte. Jeden Abend brachte ihm seine Frau eine der Speisen, die er am meisten liebte. Und jeden Abend setzte sie sich im Kazhgie neben ihn und wartete, bis er gegessen hatte. Die Leute im Dorf wunderten sich über ihre Ergebenheit. Aber es gab auch ein paar Burschen, die auf Nasee-kayoosie eifersüchtig waren und ihm die ehrerbietige, schöne Frau neideten. Zwei von ihnen versteckten sich eines Abends in dem dunklen Eingangstunnel zum Kazhgie. Als Nasee-kayoosies Frau mit dem Essennapf in den Händen sich eben durch den Eingang ducken wollte, hielt sie der eine am Ärmel fest. »Warte einen Augenblick«, flüsterte er. »Wir haben dir etwas zu sagen. Höre! Wenn dein Mann zu dir heimkommt, sagt er dir bestimmt, daß er dich liebt. Glaube ihm nicht! Denn wenn abends der Kazhgie voll von Männern ist, erzählt er freimütig alles, was du so tust. Dann macht er dich zum Gegenstand des Gelächters für das ganze Dorf.«

Nasee-kayoosie saß derweil im Kazhgie und hörte mit seinen guten Ohren alles, was die Burschen gegen ihn vorbrachten. Er hörte auch deutlich, daß seine Frau zornig davonrannte, statt ihm das Essen hereinzubringen. Er erkannte daran, daß ihm sein Weib nicht vertraute, sonst hätte sie den hinterhältigen Redereien keinen Glauben geschenkt.

Die junge Frau erzählte ihren Eltern in deren Iglu Wort für Wort, was sie von den jungen Männern gehört hatte.

Ihre Mutter war sofort außer sich. Aber der Vater dachte erst einmal schweigend nach. Dann sagte er: »Das muß ein Mißverständnis sein. Nach all dem, was er täglich für dich tut, scheint mir Nasee-kayoosie ein besserer Mann zu sein.« Und als die Mutter gefrorene Blaubeeren in Seehundöl zur Abendmahlzeit hereintrug, sagte der alte Vater noch: »Tochter, geh zum Kazhgie und bringe deinem Mann von diesen Beeren. Es ist sein Lieblingsgericht. Er wird auf dich warten.«

Die junge Frau ließ sich ihr Verhalten nicht vorschreiben. Ihr Ärger wuchs, wenn nur einer den Namen ihres Mannes erwähnte.

Nasee-kayoosie hörte vom Kazhgie aus auch diese Unterhaltung, und sein Herz ward traurig. Als er zur Schlafenszeit nach Hause ging, ahnte er bereits, was ihn erwartete: Seine Schwiegermutter hielt sich im Eingangstunnel versteckt und schüttete den Inhalt des hölzernen Abfalltroges über ihn, als er den Iglu betrat. Da wußte Nasee-kayoosie, daß er in seinem neuen schönen Heim nicht mehr willkommen war. Er bat einige vorübergehende Männer um saubere Kleidung, wusch sich im Fluß und ging langsam, in tiefe, schwere Gedanken versunken, zum Kazhgie zurück.

Am nächsten Morgen erwachte Nasee-kayoosie als ein anderer Mensch. Immer hatte er sich den Dorfbewohnern gegenüber freundschaftlich verhalten. Nie hatte er im Kazhgie gesprochen. Nun sandte er einen Boten zu allen, Männern und Frauen; sie sollten in den Kazhgie kommen, um seine Botschaft zu hören. Die Leute waren so verwundert über diese Aufforderung, daß sie aus allen Winkeln des Dorfes herbeieilten. Nur Nasee-kayoosies Frau und ihre Eltern taten, als träfen die Worte des Boten auf taube Ohren.

Als der Kazhgie bis in die hinterste dunkle Ecke gefüllt war, erhob sich Nasee-kayoosie. Er trat vor die Leute seines Stammes, wie es sein Vater Ki-ou-tay-luk viele Male vor ihm getan hatte. Knapp, ohne Vorrede sprach er zu ihnen, wie sein Vater Ki-ou-tay-luk viele Male vor ihm gesprochen hatte. »Heute in einem Jahr werden wir zu einem neuen Jagdgrund wandern. Laßt jede Frau warme Kleider für ihre Familie nähen. Denen, die keine Felle haben, werde ich welche geben.« Das war alles. Er sprach nicht davon, daß die Leute des Dorfes seit dem Tode seines Vaters ohne einen Gedanken an die Zukunft gelebt hatten. Er hielt ihnen nicht vor, daß sie das Wild sinnlos getötet hatten, bis nur noch wenige Karibus und Schneehühner übriggeblieben waren. Er ordnete ganz einfach Notwendiges an. Und die Dorfbewohner stimmten ihm schweigend zu. Von diesem Augenblick an war Nasee-kayoosie ihr Oberhaupt. Die Frauen begannen Parkas und Mukluks zu nähen. Die Männer zimmerten neue feste Reiseschlitten, besserten die Hundegeschirre aus oder nähten neue.

Von allem Wild, das die Jäger erbeuteten, wurden die besten Stücke als Vorrat für die Reise eingelegt. Alles geschah so, wie der neue Dorfälteste es wünschte.

Genau ein Jahr später packten die Bewohner des Dorfes ihr dürftiges Eigentum auf die Schlitten. Die Männer spannten die Hunde vor, und los ging es, eine Familie hinter der anderen.

Keiner wußte, wohin, aber jeder vertraute Nasee-kayoosies Umsicht. Der Winter hatte die Wege für die Reise hergerichtet. Die moosig-schwammige Tundra war hart gefroren und verschneit, so daß man leicht und gut darüberhin wandern konnte. Nasee-kayoosies Frau und ihre Mutter hatten über die Idee, einen neuen Wohnplatz für den Stamm zu suchen, nur gelacht. Sie hatten sich auch geweigert, warme Kleidung für die Reise zu nähen. Doch als sie nun sahen, wie eine Familie nach der anderen das Dorf verließ, fürchteten sie sich, allein zurückzubleiben. Hastig bepackten sie ihren Schlitten und folgten dem langen Zug.

Einige Wegstunden vom Dorf entfernt hielt Nasee-kayoosie sein Hundegespann an. Dann knüpfte er die Riemen los, mit denen seine Schlittenladung festgebunden war, und zog einen seltsam geformten Beutel aus dünnem weißem Leder unter den Schutzhäuten hervor. Als Nasee-kayoosie den Beutel öffnete, verhüllte der Himmel sein strahlendes Blau mit braungrauen Wolkenvorhängen. Scharfer Wind sprang aus dem Beutel, blies sein schneeigkaltes Lied über die Schlitten hin. In größter Eile zogen die Reisenden wärmere Kleider über, und Nasee-kayoosie konnte sehen, daß alle gut ausgerüstet waren. Nur die Familie am Ende des Zuges zitterte vor Kälte, weil die Frauen nicht für warme Kleider gesorgt hatten. Als Nasee-kayoosie zum zweiten Mal den rätselhaften Beutel öffnete, um die Leute seines Stammes zu prüfen, stürzte sich eisiger Wind aufheulend auf die Reisegesellschaft und hüllte sie im Nu in einen furchtbaren Schneesturm ein. Nasee-kayoosies Schwiegermutter wurden die Glieder steif. Langsam verfärbte sich ihr Gesicht bläulich. »Geh vor zu ihm!« bat der alte Vater seine Tochter. »Du bist kräftig. Du wirst dem Schneesturm trotzen. Geh, und bitte deinen Mann, uns das Leben zu retten!« Aber Nasee-kayoosies treulose Frau biß nur trotzig die Lippen zusammen. Als sich der Schneesturm gelegt hatte und Nasee-kayoosie mit seinen scharfen Augen erkannte, daß weit hinten ein Schlitten zurückblieb, ließ er noch einmal halten. Er fand nur seinen Schwiegervater noch am Leben. Er hüllte ihn in neue warme Pelzkleider und nahm ihn auf seinem eigenen Schlitten mit. Dann gab er das Signal.

Die Reise wurde fortgesetzt.

Ohne Zwischenfälle erreichte die Karawane endlich eine Gegend, in der Wild im Überfluß vorhanden war. Nur ein ganz kleines Dorf von drei, vier Iglus fanden sie dort und Quellwasser und weite Karibu-Weideplätze. Hier hieß Nasee-kayoosie anhalten und Iglus bauen.

Noch am Tage ihrer Ankunft machte Nasee-kayoosie im größten der Iglus des Dorfes seinen Gastbesuch. Der Hausherr gab gerade ein Festessen. Seine Frau hatte ihm ein Mädchen geboren. »Es heißt Miginosie, wie die Mutter der Mutter«, sagte der Mann stolz. Seine Frau senkte verschämt den Kopf, während sie eine neue Schüssel voll dampfenden Fleisches vor den Gast hinstellte.

Nasee-kayoosie dachte sofort an seine kleine Schwester, die von Fremden weggetragen worden war und von der er nie wieder etwas gehört hatte. Er hielt die junge Frau am Saum ihrer Parka zurück und fragte bang: »Wie war der Name deines Vaters?«

»Mein Vater«, antwortete die Frau, »war der große Ki-ou-tay-luk.«

»Oh!« rief Nasee-kayoosie, »auch ich bin das Kind von Ki-ou-tay-luk!« Und er nannte seinen Namen.

Die Geschwister wußten nicht, was sie tun sollten vor Freude.

Es dauerte nicht lange, da vergaßen die Leute von Nasee-kayoosies Stamm die ärmlichen letzten Jahre am Ufer des Koyukuk. Ihr neuer Wohnort forderte sie heraus, wieder tüchtige Jäger zu werden. Bald fühlte ein jeder wieder Glück und

Freude, wenn er abends nach erfolgreicher Jagd im Kazhgie saß. Nasee-kayoosie aber nannten sie nun einen großen Mann und erwiesen ihm ihre höchste Achtung. Wie vor vielen, vielen Jahren lebte der Sohn des großen Ki-ou-tay-luk wieder zusammen mit seiner Schwester in einem Iglu. Und langsam begann er all das Unglück und Leid seines vergangenen Lebens zu vergessen.

Die geheimnisvolle Vogelhaut

In jenen Tagen, da die Eskimos noch als große selbständige Völkerschaft in Alaska lebten, gab es auf der Seward-Halbinsel in der Nähe der heißen Quellen auch ein Dorf mit Namen Pea-nook-puk. Dort lebten ein Mann und eine Frau, die nur einen Sohn und keine Tochter hatten. Der Sohn war bereits ein angesehener Mann. Seine Eltern wollten gern, daß er eine Frau nähme, damit endlich eine junge Schwiegertochter ins Haus käme. Aber der junge Mann wollte nichts davon wissen, denn außer der Jagd hatte nichts in seinem Sinn Platz. Allerdings gab es auch keinen zweiten in Pea-nook-puk, der so ein geschickter Jäger war wie er. Im Sommer waren Seehunde und Walrosse seine Beute. Im Winter jagte er Karibus in der Tundra und brachte seiner Mutter blaue Füchse, schwarze Zobel, braune Nerze, weiße Hermeline und viele andere kostbare Pelztiere heim. Das rätselhafte daran war, daß er keinem gestattete, mit ihm zur Jagd zu gehen, und daß noch kein Jäger ihm je unterwegs begegnet war. Nur seinen Erzählungen abends im Kazhgie konnten die Männer des Dorfes entnehmen, daß ihn seine Jagdzüge ungewöhnlich weit von Pea-nook-puk wegführten.

Eines Sommertages geriet der junge Jäger auf sehr geheimnisvolle Weise nach Kap Espenberg zur Entenjagd. Dort traf er eine junge Frau, die Fische aufschnitt, sauber kratzte, sie auf einen dünnen Birkenstab aufreihte und zwischen zwei hölzernen Gestellen zum Trocknen aufhängte. Er sah ihr bei der Arbeit zu; denn er fand sie schöner als die Mädchen seines Dorfes daheim. Und weil sie ihn freundlich lächelnd zur Rast in den Iglu ihrer Eltern einlud, ging er mit ihr. Am Abend brachte sie ihm gegorenes Muktuk und Beerenspeise in den Kazhgie und senkte schüchtern den Kopf, als sie ihm gegenüberstand. Einige Tage später waren sie verheiratet.

Von nun an lebte der junge Mann mit seiner Frau bei seinen Schwiegereltern. Das Jagen behielt er fleißig bei. Er hatte damit solchen Erfolg, daß die Cache neben dem Iglu bald zu klein war für all die Vorräte, die er herbeischaffte. Die junge Frau und ihre Eltern hatten noch nie von einem Manne gehört, der gleiches Geschick bei der Jagd bewiesen hätte.

Ein Jahr war vergangen, da wurde dem jungen Paar ein kleines Kind geboren. Es war ein Junge. Die junge Mutter nützte die günstige Gelegenheit und fragte ihren überglücklichen Mann nach dem Geheimnis seiner Jagderfolge. »Du bist in dem einen Jahr der größte Jäger hier in unserem Dorf geworden«, sagte sie. »Bitte, erzähle mir, welche Geister dir bei der Jagd beistehen.«

Der Mann betrachtete gedankenvoll die junge Frau, auf deren Rücken sich das Baby in der Kapuze wie ein kleiner Höcker abzeichnete.

»Gut. Ich will es dir zeigen«, sagte er dann. »Morgen in der Frühe bitte deinen Vater, daß er eine hölzerne Schüssel schnitzt. Wenn sie fertig ist, stelle sie auf den Boden neben die Kochstelle und fülle sie mit Salzwasser.«

Die junge Frau befolgte alles aufs Wort. Als die Schüssel fertig war, füllte sie sie mit klarem Salzwasser aus dem Meer. Dann rief sie ihren Mann. Der Jäger zog eine getrocknete Vogelhaut aus seiner Tasche und legte sie ins Wasser. Sogleich begann die Haut zu schwellen. Sie wurde größer und größer. Die Federchen standen steif und borstig von ihr ab wie die Rückenhaare beim Schlittenhund, der eine Meute Wölfe wittert. Als die Haut dem Jäger groß genug erschien, nahm er sie aus dem Wasser und streifte sie sich über. Die junge Frau dachte, daß ihr Mann nun vielleicht fliegen könnte. Doch plötzlich bemerkte sie, daß die Haut wieder zusammenschrumpfte. Der Jäger schrumpfte mit ihr, bis er nicht größer war als ein kleiner schneller Vogel.

Die Frau nahm den Vogel behutsam auf die Hand. Der breitete die Flügel aus und flog davon. Gleich darauf kam er zurück und ließ der Frau einen Fisch vor die Füße fallen. Dann flog er fort, um einige Minuten später mit einem Seehund in den kleinen Krallen zurückzukehren.

»Genug, genug!« rief die Frau lachend. »Nun wissen wir, wie du jagst!«

Der Vogel plusterte sein Gefieder, als wollte er es abstreifen, schüttelte sich das Schwänzchen zurecht, stieg hoch in die Luft und war bald nicht mehr zu sehen. Erschrocken schaute ihm die junge Frau nach.

Der Jäger hatte sich aber nur entschlossen, einmal nach Peanook-puk zu fliegen, um seine Eltern zu besuchen. In kurzer Zeit war er dort. Er ließ sich auf dem Iglu seines Vaters nieder, sah durch den Entlüfter hinein und pfiff vergnügt. Seine Eltern saßen auf dem Boden an der Feuerstelle und aßen ihre Abendmahlzeit.

Der Sohn schlüpfte in den Eingangstunnel, um dort seine Vogelhaut abzunehmen. Aber aus irgendeinem Grunde saß ihm die Haut diesmal zu eng an. Er kam nicht heraus. Es dauerte ihm auch viel zu lange, und so flog er als Vogel in den Raum zu seinen Eltern. Als jedoch der Vater den Vogel sah, sprang er auf und wollte ihn mit dem Messer totstechen. Der Vogel flog rundum, immer rundum, während der Mann mit dem Messer nach ihm hieb. Zuletzt fand der Vogel einen Spalt in der kleinen Tür und entwischte in den Eingangstunnel. Die Vogelhaut hatte so viele Schnitte abbekommen, daß der junge Mann diesmal ohne Schwierigkeiten herauskam. In seiner normalen Gestalt ging er zurück in den Iglu.

Die alten Eltern waren sehr überrascht, als sie ihn sahen. Sie hatten schon geglaubt, er sei auf der Jagd umgekommen. Wie sie nun erfuhren, daß er verheiratet war und seine Frau einen kleinen Sohn geboren hatte, stapelte der Vater ohne Zögern Brennholz für ein Schwitzbad im Iglu auf, und die Mutter bereitete eine Schüssel voll Weidensprößlinge mit Seehundöl. Der junge Mann erzählte ihnen auch von der geheimnisvollen Vogelhaut und wie knapp er kurz zuvor dem Messer des Vaters entkommen war. Die Eltern erschraken sehr. Sie ließen sich versprechen, daß der Sohn die Vogelhaut in Zukunft nur noch zum Jagen benutzen werde.

Gemeinsam mit seinen Eltern kehrte der junge Mann zu seiner Frau und seinem Kinde nach Kap Espenberg zurück. Solange er lebte, blieb er der größte Jäger auf der Halbinsel Seward. Doch als er gestorben war, wurde die geheimnisvolle Vogelhaut mit ihm begraben.

Vom Jäger, der ins Land der Väter wandern wollte

Es war einmal ein Jäger, dem brachte der beste Zauberspruch kein Jagdglück, denn er konnte wahrhaftig mit seinen Augen nicht geradeaus blicken. Jeden Tag ging er hinaus in die Tundra und schoß mit Pfeil und Bogen auf die Karibus. Aber er sah nicht ein einziges Mal, wohin sein Pfeil traf. So ging es die ganze Zeit über. Nicht einmal einen Schneehasen brachte der junge Mann von der Jagd heim. Er mußte sich das Fleisch für seine Nahrung und die Felle für seine Kleidung schenken lassen.

Da neckten ihn die anderen Jäger seines Stammes. Und keine Frau wollte ihn heiraten.

Bald machte dem Jäger das Leben keine Freude mehr. Er dachte: Es geht mir wie den alten Männern, die zu schwach sind, zur Jagd zu gehen. Immer muß ich mich von den Vorräten anderer Leute ernähren, obwohl diese ja schon für ihre eigenen Familien genug zu sorgen haben. Es ist das beste, ich gehe freiwillig ins Land der Väter.

Als es eines Tages kalt genug war, ging er ohne Abschied weit hinaus in die schneebedeckte Tundra. Dort zog er seine Parka aus, seine Pelzhosen, seine warmen Pelzstiefel und die Handschuhe und legte sich nackt in den Schnee. Die Hitze seines Körpers schmolz den Schnee. Der Jäger fror nicht so schnell, wie er gehofft hatte.

Als er nun so dalag und zu erfrieren versuchte, kamen Meister Rabe und seine Frau herbeigeflogen. Frau Rabe hüpfte um den Jäger herum und sah, daß er keine Kleider mehr anhatte und die Augen geschlossen hielt. Da dachte sie, er sei tot.

»Nimm seine Augen für mich heraus«, bat sie ihren Ehemann.

»Ah, das ist gefährlich«, erwiderte dieser. »Vielleicht ist er gar nicht tot.«

»Aber doch! Er ist schon lange tot. Sieh, die Füchse haben seine Kleidung weggeschleppt!«

»Damit hast du recht. Also will ich dir den Gefallen tun.«

Meister Rabe zog ein Messer unter seiner schwarzen Federparka hervor und flog zunächst auf die Brust des Jägers. Nun hatte aber der Jäger die Unterhaltung der beiden gehört. Er sprang auf. Meister Rabe stürzte dabei zu Boden und ließ vor

Schreck sein Messer fallen. Der Jäger hob es auf und versuchte, auch noch den Raben zu fangen, aber das gelang ihm nicht.

Meister Rabe stob auf und davon. Doch weil er sein kostbares Messer nicht einbüßen wollte, kam er bald wieder zurückgeflogen. Er flatterte um den Kopf des Jägers und krächzte: »Gib mir mein Messer zurück!«

Der Jäger tat, als höre er nicht.

Der Rabe lockte: »Jäger, gib mir mein Messer zurück. Du sollst dafür bekommen, was du verlangst!«

Der Jäger schwieg.

Die Frau des Raben saß einen Steinwurf entfernt auf einem der Fausthandschuhe des Jägers. »Wenn du uns das Messer zurückgibst, wirst du auf der Stelle einen geraden Blick haben.«

»Sprichst du die Wahrheit?«

»Ja. Sie spricht die Wahrheit«, antwortete Meister Rabe. »Du sollst ein großer Jäger werden, wenn du willst.«

»Etwas Besseres könnte ich nicht verlangen.« Der Jäger legte das Messer vor dem Raben in den Schnee. Als dieser sein kostbares Eigentum wieder unter die Federparka gesteckt hatte, sagte er: »Merke dir: Wenn du ein Karibu tötest, nimm immer zuerst die Augen heraus!« Dann bedankte er sich noch einmal bei dem Jäger und flog mit seiner Frau davon.

Der Mann zog seine Pelzkleider wieder an, nahm Pfeile und Bogen und begann sogleich zu jagen. Er konnte nun weit geradeaus sehen.

Bald erkannte er in der Ferne eine Herde Karibus. Er tötete zwei von ihnen und dachte dankbar an den Rat des Raben. Bevor er die Tiere abzuhäuten begann, nahm er die Augen heraus. Da kamen Meister Rabe und seine Frau dahergeflogen, pickten die Augen auf, nickten dem Jäger zu und flogen wieder davon.

Nach kurzer Zeit war der Mann ein großer Jäger, wie es der Rabe prophezeit hatte. Die Leute seines Stammes verspotteten

ihn nicht mehr. Und schließlich heiratete er das reichste und schönste Mädchen seines Stammes. Doch nun wurde der Jäger stolz. Er schenkte den Alten und Kranken nichts mehr von seiner Beute und dachte nur noch daran, wie er seinen Reichtum mehren könnte. Eines Tages vergaß er darüber sogar die Weisung des Raben. Er tötete ein Rentier, zog es ab und schaffte es nach Hause, ohne die Augen herauszunehmen.

Am folgenden Tag sah der Jäger keine Karibus. Am nächsten Tag auch nicht. Erst am dritten Tag danach überraschte er eines beim Äsen. Als er aber nach ihm schoß, konnte er nicht erkennen, wohin sein Pfeil traf. Da merkte er, daß er mit seinen Augen nicht mehr geradeaus sehen konnte. Diesmal grämte er sich nicht darüber. Er wollte auch nicht ins Land der Väter wandern, um den anderen nicht zur Last zu fallen. Er dachte sich vielmehr eine List aus.

Als es eines Tages kalt genug war, ging er ohne Abschied weit hinaus in die schneebedeckte Tundra. Dort zog er seine Parka aus, seine Pelzhosen, seine warmen Pelzstiefel und die Handschuhe. Dann legte er sich nackt in den Schnee, schloß die Augen und wartete, daß wieder der Rabe und seine Frau geflogen kämen. Es dauerte jedoch nicht lange, da war der Jäger steif gefroren.

Der Wolfsmensch und der Jäger

Es waren einmal ein Vater, eine Mutter und zwei Söhne, die lebten ganz allein an der Mündung eines langen Flusses. Kurz nachdem die Knaben mannbar geworden waren, starben die Eltern plötzlich am Fieber. Die Brüder dachten lange darüber nach, was sie nun tun sollten. Doch da sie das baumlose, flache Land zu beiden Seiten des Flusses von Kind auf kannten, liebten sie es auch. Sie wußten, wann der Fluß im Frühjahr tobend über die niedrigen Ufer brach, wann und an welchen Flecken die schönsten Beeren reiften und wo im Winter die Fallen für die kostbaren Pelztiere aufgestellt werden mußten. Das offene Meer trug seine Reichtümer bis hin zu dem Pfad, der zum Iglu führte. Und in den vielen Seen und Altwassern in der Tundra ringsum gab es fast alle Jahre reichlich Fische. Die leicht bewaldeten Hügelketten in der Ferne lockten die Brüder wenig. Sie verließen ihr altes Zuhause nicht, sondern lebten weiter an dem gewohnten Platz, geradeso wie zuvor.

Auf der anderen Seite des Flusses, pfeilgerade ihrem Iglu gegenüber, sahen die jungen Männer eines Tages einen Silberfuchs ein Loch scharren. Wahrscheinlich hatte er einen alten Fuchsbau aufgestöbert, und der sollte nun seine Behausung werden. Anstatt das Tier zu töten, brachten ihm die jungen

Männer täglich Futter von ihren Abfällen über den Fluß. Das Tier wurde ganz zahm und ließ sich sogar hinter den Ohren kraulen. Es war eine Fähe.

Zeitig im Frühjahr entdeckten die jungen Männer, daß die Füchsin einen Wurf nackter blinder Füchse geboren hatte. Es machte ihnen großen Spaß, dem Muttertier die heranwachsenden Jungen füttern zu helfen. Pünktlich jeden Morgen brachten sie ihr Vögel, Fisch- und Seehundfleisch zum Bau. Meist blieben sie ein Weilchen bei ihr sitzen und schauten den kleinen tolpatschigen Füchslein beim Spiel zu.

Die jungen Silberfüchse waren schon fast ausgewachsen, da begegnete den beiden Brüdern während der Seehundjagd ein fremdes Kajak. »Laß uns mit dem Fremden sprechen!« rief der ältere Bruder zum Boot des jüngeren hinüber. Doch der jüngere hatte plötzlich das deutliche Gefühl herannahender Gefahr. »Was soll es uns nutzen?« rief er zurück und wendete sein Boot. »Komm! Wir wollen lieber nach Hause zurückpaddeln!« Ohne sich noch einmal umzublicken, trieb er sein Kajak mit kraftvollen Paddelschlägen dem Ufer zu. Im Iglu rieb er Feuer, zündete den Moosdocht rings am Rande der Seehundöl-Lampe an und hängte den Suppenkessel darüber. Er fütterte die Hunde. Er warf Stücke getrockneten Fisch in den Suppenkessel. Er knetete seine Mukluks weich. Der Bruder kam nicht. Der Fisch im Kessel zerfiel zu weichen Flocken. Der Bruder kam nicht. Der junge Mann aß nicht und schlief nicht. Er hockte die ganze Nacht über auf der Schlafbank und wartete und lauschte hinaus.

Am nächsten Morgen steckte der junge Mann ein wenig Eßvorrat in seinen ledernen Beutel und dachte nach, wo er den vermißten Bruder zuerst suchen sollte. Er löschte die Seehundöl-Lampe und wollte gerade den Iglu verlassen, da trat eine kleine alte Frau zu ihm herein.

»Ich bin gekommen, ich grüße Euch!«

Der junge Mann hatte die Frau noch nie im Leben gesehen. Verwundert schaute er sie an.

»Du wünschst doch zu wissen, was mit deinem Bruder geschehen ist. So höre!« sagte sie. »Jener Fremde, den du in dem Kajak sahst, war kein Mann wie du. Es war ein Wolf in Menschengestalt, und er tötete deinen Bruder.«

Der junge Mann war außerstande, die Gefühle, die ihn bedrängten, zu ordnen. Da war seine Verwunderung, woher die alte Frau von dem Unglück wußte. Da war der Schmerz um den verlorenen Bruder. Und da war der heiße Wunsch, seinen Tod auf der Stelle zu rächen.

Die alte Frau sprach weiter, als wollte sie dem jungen Mann auf seine unausgesprochenen Fragen antworten: »Wandere den Fluß hinauf zu seiner Quelle, dort wirst du einen einsamen Iglu finden. Nicht weit davon liegt ein Dorf. Im zweiten Iglu lebt deine Großmutter. Sie kann dir helfen, den Wolfsmenschen zu finden.«

»Und wer bist du?« fragte der junge Mann und unterdrückte mühsam seine Aufregung.

»Ich lebe dir gegenüber am Fluß«, antwortete die alte Frau lächelnd. »Ich bin dir und deinem Bruder sehr dankbar, weil ihr meine Familie ernährt habt.« Dann verließ sie den Iglu, ohne dem jungen Mann Gelegenheit zu geben, noch ein Wort zu sprechen.

Es muß die Silberfüchsin gewesen sein! dachte der Jäger. Denn er und sein Bruder hatten sonst niemanden ernährt.

Noch am gleichen Tage stieg der junge Mann in sein Kajak und paddelte flußaufwärts. Am Abend trug er das Boot aufs Ufer, legte es kieloben ins Gras, kroch darunter und schlief sich aus. Wie viele Tage er so unterwegs war, zählte er nicht. Als er die Quelle des Flusses erreicht hatte, fand er dort einen Iglu, wie es die Silberfüchsin gesagt hatte. Er legte sein Kajak auf die beiden Holzböcke neben dem Iglu und wanderte zu Fuß weiter, bis er auch in das Dorf kam. Seine Großmutter lebte tatsächlich genau im zweiten Iglu. Sie war sehr glücklich, den jungen Mann zu sehen, und nahm ihn für immer bei sich auf. Sie erzählte ihm manches über das Dorf; vom Dorfältesten, dessen Sohn ein großer Jäger war, und von der Tochter des Dorfältesten, die mit einem Mann verheiratet war, der seltsamerweise die meiste Zeit des Jahres irgendwo außerhalb des Dorfes verbrachte. Von dem Wolfsmenschen sprach sie nie.

Der junge Mann wurde bald gut Freund mit dem Sohn des Dorfältesten. Oft gingen die beiden zusammen jagen, und der junge Mann bewunderte neidlos das umsichtige, gewandte Vorgehen des Gefährten. Das festigte ihre Freundschaft noch mehr. Bald war der junge Mann weit öfter im Iglu des Dorfältesten als in dem seiner Großmutter zu finden.

Die Tochter des Dorfältesten war eine wunderhübsche junge Frau. Nur sah sie der junge Mann selten richtig fröhlich. Seit dem Tage seiner Ankunft im Dorf wurde nämlich ihr Mann wieder einmal vermißt. Der Winter nahte schon, da wartete sie immer noch vergebens. Und weil er sonst nie so lange weggeblieben war, glaubten die Leute, daß ihm ein Unglück zugestoßen sei und er gestorben wäre. Zuletzt war auch die junge Frau davon überzeugt, daß ihr Gatte für immer verloren sei. Der junge Mann hatte sich inzwischen heftig in die Tochter des Dorfältesten verliebt. Nun bat er sie, seine Braut zu werden. Die junge Frau sagte nicht nein.

Nach der Hochzeit ging der Jäger eines Tages fröhlich den schneeknirschenden Pfad entlang, seine Großmutter zu besuchen. Sie hieß ihn niedersetzen und sagte zu ihm: »Wenn der Winter zur Hälfte vorbei ist, wird der frühere Gatte deiner Frau vom Mond zurückkommen. Sei vor ihm auf der Hut! Er ist der Wolfsmensch, der deinen Bruder tötete!«

Wieder bestürmten den jungen Mann die verschiedensten Gefühle: Angst um sein neues Eheglück, Verwunderung, daß die Großmutter erst heute ihr Wissen preisgab, Frohlocken, daß der Tag, an dem er seinen Bruder rächen konnte, nicht mehr fern war.

Von nun an schlief der Jäger mit einem offenen Auge. Immer vorsichtiger wurde er, je weiter der Winter vorankam.

Der Wolfsmensch kehrte an einem stürmischen, schneeverhangenen Tag in der Mitte des Winters zurück. Wie er so von weitem den Pfad zum Iglu heraufkam, erkannte ihn seine ehemalige Frau am Schritt. Sie konnte den Jäger gerade noch rechtzeitig warnen.

Er ergriff seinen Bogen und die Pfeile und flüchtete zum Iglu seiner Großmutter.

Die alte Frau schaute ihm besorgt entgegen. »Du mußt zu dem kleinen Iglu an der Quelle des Flusses laufen, wo du dein Kajak zurückgelassen hast. In dem Iglu wirst du einen Speer finden. Den nimm und ramme ihn in den Boden. Erst dann komm zu mir zurück.«

Der Jäger tat, wie ihn die Großmutter geheißen hatte. Kaum stak der Speer aufrecht im Boden, schoß ein Wolf leichtfüßig über die Tundra auf den Jäger zu; der lief davon, so schnell er konnte. Der Wolf war schneller. Schon setzte er zum Sprung an, um den Mann niederzureißen. In diesem Augenblick war der Iglu der Großmutter erreicht. Der Jäger schoß noch im Laufen einen Pfeil ab, dann sprang er in den Eingangstunnel. Er verrammelte den Zugang von innen. Säcke, Farbsteine, leere Tonnen; was ihm gerade in die Hände kam, nahm er. Die Großmutter schaute ihm kopfschüttelnd zu. »Du hast den Wolfsmenschen getötet!« sagte sie.

Der junge Mann wollte nicht glauben, daß er eine so glückliche Hand gehabt haben sollte. Vorsichtig steckte er den Kopf zur Tür hinaus, um nachzusehen, ob die Großmutter die Wahrheit gesprochen hatte. Doch da war kein Wolf mehr zu sehen.

Als der Mann aber zum Iglu seiner Frau kam, lag dort ein großer, kräftiger Wolf tot vor dem Eingangstunnel.

Der Tod des Bruders war gerächt. Der gefährliche Rivale war vernichtet. Glück und Freude erfüllten das Herz des jungen Mannes. Seine Frau hingegen weinte bitterlich.

»Bist du traurig, daß ich deinen ersten Gatten tötete? Er war ein Wolf!« Der Jäger nahm die Frau an der Hand und führte sie vor den Körper des toten Tieres. Ungläubig starrte sie darauf hinab. Es fiel ihr schwer, sich vorzustellen, daß sie einmal mit einem Wolf in Menschengestalt verheiratet war. Nun begriff sie auch, weshalb er immer für so lange Zeiträume verschwand. Voller Abscheu wandte sie sich ab.

Das junge Paar lebte danach glücklich bis zum Tode.

Wie eine alte Frau ihren Stamm rettete

An der Küste des Kotzebue-Sunds, auf der Seward-Halbinsel, lebten einst Eskimos, die jeden Frühling ihr Dorf verließen und nach Kap Espenberg reisten. Dort jagten sie den ganzen Sommer über Seehunde, Bartrobben und Walrosse, trockneten große Mengen Fleisch als Vorrat, und wenn der Winter mit seinen eisigen Stürmen kam, segelten sie zurück in ihr winterfestes Dorf am Sund.

Wieder einmal war es Frühling geworden. Die Eskimos jenes Dorfes zogen mit ihren Booten ins Sommerquartier. Manche hißten in ihren Umiaks lederne Segel, oder sie ließen ihre Boote an günstigen Stellen von den Schlittenhunden treideln. Nur eine einzige alte Frau war in dem verlassenen Dorf zurückgeblieben. Die Leute ihres Stammes glaubten, daß die Zeit ihres Todes gekommen sei. Deshalb hatten sie niemanden bei der

Alten zurückgelassen, der nach ihr sah, und hatten auch keine Essenvorräte für sie hinterlegt. Aber der alten Frau war noch gar nicht zum Sterben zumute. Sie ging jeden Tag hinunter an die Küste, um nach etwas Eßbarem zu suchen. Manchmal fand sie ein paar Muscheln. Manchmal klaubte sie sich auch ein paar Reste von der Beute wilder Tiere aus dem Sand.

Einmal, als die alte Frau wie gewöhnlich nach Nahrung suchte, fand sie dort, wo die Flut gerade zurücksickerte, einen kleinen Wurm im Sand. Und weil sie so sehr alleine war in dem verlassenen Dorf und sich sehnlich einen Gefährten wünschte, hob sie den Wurm vorsichtig auf und trug ihn in ihren Iglu. Statt ihn zu verspeisen, teilte sie jeden Tag brüderlich alles mit dem Wurm, was sie an Eßbarem fand. Sie fütterte ihn wie ein kleines Kind. Der Wurm begann zu wachsen. Er folgte der alten Frau auf Schritt und Tritt wie ein Hund. Sie erzählte ihm die alten Geschichten ihres Stammes und zeichnete dazu die schönsten Ritzbilder mit ihrem Elfenbeinmesser auf den Pfad; denn es war ja sonst niemand da, der ihr zuhören konnte. Wenn der Abend kam und sie beide müde waren, legte sich die Alte auf die Schlafbank. Der Wurm aber rollte sich in ihrer warmen Fellkapuze zusammen.

So wuchs der Wurm heran. Bald konnte er allein die Nahrung für die alte Frau und für sich herbeischaffen. Zuerst fing er Vögel, später Hasen und Schneehühner. Immer brachte er Beute im Überfluß für sie beide ins Dorf zurück.

Der erste Schnee fiel. Er gefror über Nacht auf dem Pfad, und der große bleiche Mond goß kalten Glanz darüber. Wie die Frau am Morgen den Boten des Winters sah, dachte sie mit Freude daran, daß es nun für ihre Leute Zeit war, ins Dorf zurückzukehren. Aber etwas warnte sie, ihre Freude dem Wurm zu zeigen. Der war inzwischen ein großes Tier geworden, das längst nicht mehr in der Kapuze der alten Frau Platz hatte. Mit Leichtigkeit tötete er Seehunde und Walrosse und hatte schon

mehr als einmal einen weißen Wal unten an der Küste gelandet. Es kam der Tag, da konnte die alte Frau die Umiaks des zurückkehrenden Stammes auf dem Meere erkennen. Die Freude machte ihr Gesicht wieder jung. Der Wurm sah es. Er wurde ganz weiß und bäumte sich vor Wut. Die alte Frau versuchte, ihn zu beruhigen. »Sieh, ich habe mit ihnen gelebt all die Jahre. Ihre Kinder sind neben mir aufgewachsen. Ihre Vorväter sind neben mir gestorben, um ins Land der Väter zu gehen. Ich kann ohne sie nicht sein; denn ich bin an die Menschen gewöhnt, wie ich mich an dich gewöhnt habe. Laß uns alle zusammen glücklich hier leben.«

Noch nie in ihrem ganzen Leben hatte die alte Frau so viel hintereinander gesprochen. Doch der Wurm zeigte sich unbeeindruckt. Er glitt ins Wasser und peitschte die Wellen empor. Er würde sie alle töten, Männer, Frauen und Kinder! Er würde sie strafen, weil sie die alte Frau allein im Dorf gelassen hatten, damit sie sterbe!

Erst wenn alle vernichtet wären, würde er zu seiner Gefährtin in den Iglu zurückkehren, ihren Dank empfangen und mit ihr allein weiterleben wie zuvor!

Die Menschen in den Booten sahen voll Entsetzen den gigantischen Wurm auf sich zukommen. Die Männer schossen eilig ihre Pfeile auf ihn, um sich seiner zu erwehren. Aber die Pfeile prallten an der dicken Haut des Wurmes ab.

Plötzlich glitt von der Küste her ein altes, halb zerfallenes Boot auf den Wurm zu. Die alte Frau saß darin. Der Wunsch, die Ihren zu retten, gab ihren Armen die Kräfte von einst zurück. Ihr Stechpaddel stob nur so durch das Wasser. Genau zwischen den Wurm und die Boote des Stammes trieb die alte Frau das Kajak, das sie neben einem der Iglus gefunden hatte. Schon brach das Wasser durch den morschen Bootsbezug.

»He!« schrie die alte Frau mit ihrer dünnen brüchigen

Stimme den Wurm an. »Ist das der Dank, daß ich dich großgezogen habe?«

Während sie noch zeterte, brach das Kajak mitten entzwei. Der Wurm schwamm hinzu und faßte die alte Frau sorgsam mit seinem Maul. Was blieb ihm übrig, als sie behutsam und ohne Getöse, damit sie nicht ertrinke, zum Ufer zurückzutragen? Mit ihm aber landeten unversehrt die Boote des Stammes.

So kam es, daß die Frau den gigantischen Wurm überlistete. Und von da an lebte er weiter friedlich mit ihr zusammen bis zu ihrem Tode. Vor den Leuten ihres Stammes aber ließ er sich nicht mehr blicken.

Worterklärungen

Angakok	auch Schamane genannt. Von ihnen glaubten die Eskimos lange Zeit, daß sie übernatürliche Kräfte besitzen und mit Hilfe ihrer Helfersgeister Krankheiten heilen sowie Wetter und Jagdglück beeinflussen können.
Aukootook	Eiskrem, besonderer Leckerbissen der Eskimos.
Cache	längsseits jedes Iglus erhöht errichtete Vorratsplattform. Auf ihr sind die Vorräte für herumstreunende Wölfe, Bären und Schlittenhunde nicht erreichbar.
Elfenbein	gewinnen die Bewohner der Arktis aus den Hauern der Walrosse.
Fuß	Längenmaß; in England 30,479 cm
Iglu	ein Eskimowort für Haus oder Heim. In Alaska bezeichnet es eine meist halb in die Erde gebaute Behausung aus Treibholz.
Kajak	einsitziges Männerboot aus Walroßrippen und Seehundfellen.
Karibu	eine Art des wilden Rens in Nordamerika.
Meile	amerikanische Meile = 1609,3 m
Mukluks	Pelzstiefel mit Schäften aus den Fellen von Rentieren oder Seehunden.
Muktuk	Eskimospeise, die aus Walhaut mit Speck besteht, in Grönland »Mattak« genannt.
Parka	ein Pelzbekleidungsstück für Männer und Frauen. Es wird wie ein einfaches Nachthemd ohne Schlitz am Halsausschnitt gearbeitet. Die angenähte Kapuze kann man so über den Kopf ziehen, daß nur Augen, Nase und Mund unbedeckt bleiben.

Sund Meerenge

Tundra baumlose Landschaft im nördlichen Asien, Europa und Amerika. Hier wachsen auf Dauerfrostböden nur Moose, Gräser, Stauden, Zwergsträucher und Flechten.

Ulo Frauenmesser mit halbmondförmiger Klinge.

Umiak ein langes, offenes Fellboot, das bis zu 20 Personen trägt. Es wird gerudert oder getreidelt. Seine elastische Bespannung ermöglicht die Landung auch an Klippen und Felsen, an denen ein Holzboot zerschellen würde.

Inhaltsverzeichnis

ISBN 3-358-00934-3

1. Auflage im Kinderbuchverlag 1987
(1. Auflage Alfred-Holz-Verlag 1967)

Lizenz-Nr. 304-270/34/86-(20)
Gesamtherstellung: Karl-Marx-Werk Pößneck V 15/30
LSV 7518
Für Leser von 10 Jahren an
Bestell-Nr. 632 949 3
00600